1 MONTH OF
FREE
READING

at

www.ForgottenBooks.com

By purchasing this book you are eligible for one month membership to ForgottenBooks.com, giving you unlimited access to our entire collection of over 1,000,000 titles via our web site and mobile apps.

To claim your free month visit: www.forgottenbooks.com/free1271403

ISBN 978-0-364-76542-5
PIBN 11271403

Verbot und Befehl.

uſtſpiel in fünf Akten

von

Friedrich Halm.

Wien.
Carl Gerold's Sohn.
1857.

Verbot und Befehl.

Lustspiel in fünf Akten

von

Friedrich Halm,

Wien.

Druck und Verlag von Carl Gerold's Sohn

1857.

Verbot und Befehl.

Luftspiel in fünf Akten.

Nec mentem servare potes, licet omnia claudas:
Desine, crede mihi, vitia irritare vetando:
Nitimur in vetitum semper cupimusque negata.

Ovid.

مابعد

Dem

k. k. Hofschauspieler und Regisseur

Herrn

Karl La Roche

in

aufrichtiger Hochachtung

gewidmet

vom Verfasser.

1*

Zueignung.

Des Dichters Lied verhallt im Sturmes Toben,
Und schlägt der, Zwietracht loher Brand empor,
Wer liehe den Gestalten Blick und Ohr,
Die Phantasie aus Duft und Schaum gewoben?

Solch Schicksal mußte auch dies Lied erproben;
Dir aber, der sie mit heraufbeschwor,
Dir schweben wohl noch seine Klänge vor,
Die längst im wilden Drang der Zeit zerstoben.

So sey's Dein eigen denn, und wenn mit Scherz.

Mit Ernst es bald berührt der Hörer Herz,

Und neckend' spielt mit wechselnden Gefühlen,

Dein eigen doppelt, weil Dir's doppelt gleicht,

Dem bald Melpomene den Lorbeer reicht,

Thalia's Rosen bald die Schläfe kühlen!

Hütteldorf, den 20. August 1856.

F. H.

Verbot und Befehl.

(Zum ersten Male aufgeführt auf dem Hofburgtheater zu
Wien am 29. März 1848.)

Personen.

Geronimo Venier
Leonardo Dolfin } Mitglieder des Raths der Zehn und
Andrea Morosini } Staats=Inquisitoren.

Stella Vendramin, eine edle Venetianerin, Witwe.

Camill Pisani, ihr Vetter.

Fregoso, ein edler Genueser.

Adimari, ein Edelmann aus Florenz.

Pasquale Beccari, Hafen=Commissär zu Capodistria.

Marta, seine Frau, Stella's Milchschwester.

Benvolio, ein Page Stella's.

Antonio Tentori, Secretär }
Bernardo, Thürhüter } der Staatsinquisition.
Lorenzo, Amtsdiener }

Meßer grande, Anführer der Sbirren.

Zanetto, sein Gehilfe.

Edelleute und Damen, Masken, Diener, Pagen, Sbirren.

Das Stück spielt zu Venedig, abwechselnd im Dogenpalast und im Palaste Vendramin.

Erster Akt.

Sitzungssaal der Staatsinquisitoren im Dogenpalast zu Venedig.

Drei Thüren rechts, links und im Hintergrund, von denen jedoch keine als Haupteingang hervortreten darf. In der Mitte der Bühne, aber nicht eben im Mittelpunkt, sondern etwas mehr auf die rechte Seite hinüber, ein runder Tisch mit rothem Tuch behangen, worauf Schreibgeräthe, eine Klingel und drei Larven; um den Tisch herum, jedoch so, daß seine der Thüre links zugekehrte Seite frei bleibt, drei Lehnstühle. Im Vordergrunde rechts ein kleiner viereckiger Tisch, ebenfalls mit rothem Tuch behangen und mit Schreibgeräthe versehen; dahinter ein einfacher Stuhl, ebenfalls so gestellt, daß der darauf Sitzende auf die Thüre links hinblickt; über die Rücklehne des Stuhls ist die Amtstracht des Secretärs der Staatsinquisition (ein bis an die Kniee reichender schwarzer Talar) hingeworfen; die dazu gehörige Kappe liegt auf dem Tisch. Im Vordergrunde links in der Nähe der Thüre ein Armstuhl. Nacht; Lichter auf den Tischen.

Erste Scene.

Bernardo und Zanetto
(treten durch die Thüre links ein).

Bernardo.

Ist es wahr, ist es möglich? — Ser Antonio, sagst du, der Secretär des Tribunales in solchem Zustand! —

Und die Herren Inquisitoren, die heute Sitzung halten,
Meßer grande, der längst hinging, die Vorladungen zu
bestellen! — Horch, da schlägt's drei Viertel — Sie können hier seyn jeden Augenblick, die gnädigen Herren,
und Ser Antonio — Nein, es ist nicht möglich!

Zanetto.

Es ist so, sag' ich euch! Als um's Abendläuten
plötzlich die Botschaft kam, die gnädigen Herren würden
sich gegen Nacht zum Rath versammeln, und ihr mich
fortsandtet, Ser Antonio aufzutreiben, da lief ich nach
seiner Wohnung hinüber, und fand sein Stübchen er-
leuchtet wie eine Kirche, und duftend wie einen Rosengar-
ten. Er selbst aber hinter einem wohlbesetzten Tisch und
vollen Flaschen behaglich im Lehnstuhl sitzend: „Sollst
leben!" rief er mir entgegen und umarmte und küßte
mich; er feiere sein Jugendfest, sagte er —

Bernardo.

Umarmen — Küssen — Sein Jugendfest —

Zanetto.

So sagte er und dann nöthigte er mich zu trinken
und jauchzte und sang Barcarolen. Als ich aber mit
meinem Auftrag hervorrückte, ward er böse und ballte
die Fäuste und schrie: Wir wollten ihn nur hänseln und

zum Besten haben! Und hättet ihr mir nicht den Lorenzo, seinen Pathen, nachgeschickt, der ihn zu einer Gondelfahrt beredete und ihm weiß machte, sie würden auf dem Rialto sein hübsches Bäschen, die kleine Marina treffen, wer weiß, ob wir ihn nur aus dem Hause gebracht hätten! Aber horch, da sind sie — (An die Thüre links eilend und sie öffnend.) Beide Thürflügel auf, oder sie nehmen ein Stück Wand mit!

Zweite Scene.

(Auf der Schwelle erscheint Lorenzo, den etwas taumelnden Antonio unterstützend, der den Hut schief auf's Ohr gedrückt, und mit seinem Stock in den Lüften herumfechtend, sich auf die rechte Schulter seines Führers lehnt.)

Lorenzo.

Hier habt gefällig Acht! Hier kommt die Schwelle!

Antonio.

Die Schwelle — Recht, mein Sohn! — Die Schwelle —
(Indem er von Lorenzo unterstützt eintritt.)

Sind

Wir d'rüben jetzt und geht's nun eben fort?

Lorenzo.

Ganz glatt und eben, Herr!

Zanetto

(zu Bernardo, der die Hände zusammenschlagend Antonio an-
starrt).

Nun seht einmal,

Und überzeugt euch selbst!

Antonio

(während er auf Lorenzo gestützt schwankend und wankend vorwärts schreitet).

Dank, Dank, mein Junge

Und da wir nun auf ebnem Weg wandeln,

Hör' weiter nun, mein Sohn —

Bernardo.

Ach, Ser Antonio,

Seyd ihr's denn wirklich?

Antonio.

Ei sieh da, Bernardo,

Und du, Zanetto, bist du auch hier, Bursche!

Nun, desto besser; hört nur auch mit an,

Was ich dem wackern Jungen hier erzähle! —

Erzählen — was erzähl' ich ihm denn nur —

Mir fällt's nicht ein — mir ist so sonderbar

Zu Muth, so wirr — so wirblicht! Helf' mir Gott,

Kaum mehr entwirr' ich, wer ich bin. Sagt an,

Wer bin ich? — Sagt mir, wer ich bin —

Lorenzo.

Ihr seyd

Mein lieber Pathe, Herr —

Zanetto.

Und Secretär

Im Dienste der erlauchten Republik —

Antonio.

Das bin ich, ja — und dafür soll sie leben,
Soll leben die erlauchte Republik!
Hoch, hoch! Herab die Mützen und schreit: Hoch
Die Republik! Schreit, sag' ich, Bursche —

Zanetto und Lorenzo
(ihre Mützen in die Luft werfend, während Bernardo die Hände
ringt).

Hoch

Die Republik! Hoch, hoch!

Bernardo
(für sich).

Herr Gott im Himmel!

Antonio
(noch immer auf Lorenzo's Schulter gestützt).

Ja, ich bin Secretär — das will was sagen,
Und dennoch — unter uns gesagt — es ist

Ein Mumienleben, dies Beamtenleben,

Ein streusandtrockenes Registerleben,

Ein Leben, grau von Aktenstaub, gesprenkelt

Mit Tintenflecken, ein fortwährendes

Halbtrauerleben —

Bernardo
(für sich).

Er ist toll, rein toll,

Er spricht sich um den Dienst —

Antonio.

Es ist ein Leben,

Wie sag' ich nur — ein Leben, so halbbrüchig

Wie meine Akten; auf der einen Spalte

Langweilig Zeug und auf der andern — Nichts!

Ein Leben, sag' ich — Blitz, da faßt mich wieder

Der Schwindel an — es flirrt mir vor den Augen —

Lorenzo
(ihn zum Lehnstuhl links hinführend).

Kommt, Herr, nehmt Platz; das Stehen wird euch sauer.

Bernardo
(halblaut zu Zanetto).

Ein Mann von seinen Jahren, so gesetzt,

So ehrbar sonst —

Zanetto.

Und heut' just fällt ihm ein

Ein Jugendfest zu feiern —

Antonio
(das Wort auffassend).

Jugendfest —

Das war es, davon will ich euch erzählen!
Denn wißt, ich war auch jung zu meiner Zeit,
Und lebt' ich auch von Klostersuppen nur
Und kargem Bettelbrod, ich war auch jung
Und wild und lustig, bis im Arsenal
Als Registrant ich später Dienste nahm:
Dann war's vorbei, dann galt es schreiben nur,
Und was sonst Reiz und Schmuck verleiht der Jugend,
War wie ein unnütz Schlagwort weggestrichen
Aus dem Register meines Lebens —

Zanetto
(zu Bernardo).

Horch,

Da schlägt's!

Bernardo.

Die Stund' ist voll! Und er — er sitzt
Und plaudert sorglos in den Tag hinein!

(Zu Antonio.)

Bei allen Heil'gen, Ser Antonio,
Besinnt euch doch —

Antonio.

Auf's Ende, meinst du? Recht,
Mein Sohn! Wir sind daran schon, nah' daran;
Wir blieben, denk' ich — Ja, beim Registranten!
Ich war's zehn Jahre nur, dann rückt' ich vorwärts;
Das heißt, ich saß mich vorwärts, denn gilt's gleich
Bei unserm Tribunal gar lange sitzen,
Man sitzt am End' doch weich, und seht, so saß ich mich
Allmälich weiter, bis zum Secretär
Des Tribunals ich endlich mich emporsaß!
Soll leben — hoch! Das Tribunal soll leben! (Zu Lorenzo.)
Nun, bist du stumm? Das Tribunal soll leben!

Lorenzo
(die Mütze schwenkend).

Hoch, hoch, das Tribunal!

Zanetto
(bei Seite zu Bernardo).

So geht's nun fort,
Und was soll werden? Ich an eurer Statt
Führ' tüchtig auf ihn los, und so durch Schreck und Zorn
Versucht' ich zur Besinnung ihn zu bringen.

Bernardo.

Weiß Gott, ich setz' den schuldigen Respect
Bei Seite und, versuch's!

Antonio.

Wo blieben wir?

Beim Secretär? — Ganz recht; als Secretär
Ich war, da fiel mir meine Jugend, meine
In Tint' ersäufte, nie auch nur
Von eines Urlaubs flücht'gem Sonnenblick
Erhellte Jugend ein — denn, mein Sohn,
Mir ward kein Urlaub je bewilligt, keiner —
Und so beschloß ich einmal jedes Jahr
Ein Jugendfest im Stillen zu begehen.
Da sitz' ich denn am blüthenweißen Tisch
Und vor mir duften herrliche Gerichte,
Lampreten, Hummern, Dalmatiner Wachteln —
Was sagt ihr, he, zu Dalmatiner Wachteln? —
Da sitz' ich denn bei edlem Malvasier
Und trink' in meine Jugend mich zurück
Zum Teufelsjungen, der ich sonst gewesen.
Zanetto, nun du trafst mich heute ja
Bei meinem Schmaus, du sahst ja, wie ich's treibe!
Lorenzo, ging's nicht lustig her? War nicht
Der Wein wie Oel —

Lorenzo.

Wie Oel, weiß Gott, wie Oel!

Antonio.

Die Wachteln mürb —

Zanetto.

Wie Butter, Herr!

Bernardo
(ganz nahe vor Antonio hintretend).

So! Waren

Sie mürb,. die Wachteln? Ging es lustig her?
Ei schön, recht schön!
(Sich plötzlich zu Antonio niederbückend, und ihm ins Ohr schreiend.)

Die Sitzung aber, Blitz und Brand!
Die Sitzung. Ser Antonio!

Antonio
(auftaumelnd).

Wie, was, Sitzung!

Wer spricht von Sitzung?

Bernardo.

Ich, ich sprach davon!
Besinnt euch endlich, daß uns Botschaft ward,
Die gnäd'gen Herren wollten gegen Nacht
Zum Rath sich hier versammeln! Ihr wart fern,

Da lief Zanetto, euch herbei zu holen,
Und da ihr säumtet, sandt' ich euren Pathen
Lorenzo nach; euch anzutreiben —

Antonio.

Ja,
Jetzt fällt mir's ein — der Schuft Zanetto — Ja,
So war's — Zanetto war es —

Zanetto.

Ser Antonio —

Antonio.

Jetzt weiß ich Alles — Ja, du wolltest schurkisch
Mein Festmahl mir vergällen — aber ich —
Ich ging mit Zahn und Klauen dir zu Leib!
(Auf Lorenzo zugehend.)
Und dann kam der, und sprach vom Mondenschein,
Von einer Gondelfahrt, von seinem Bäschen,
Und sprach und sprach, bis er hierher mich lockte —
Wohin denn nur — Ha, jetzt erkenn' ich's erst,
Hier an mein Tretrad, meine Ruderbank,
Hieher in mein Gefängniß hast du mich
Gelockt — doch auch auf deine Richtstatt, Bursche,
Denn hier erwürg' ich dich!
(Er faßt Lorenzo an der Kehle.)

2*

Lorenzo.

Laßt los, Herr Pathe,

Laßt los!

Bernardo

(Lorenzo beispringend).

Herr Gott im Himmel, Ser Antonio!

Antonio

(Lorenzo lassend und auf Bernardo losgehend).

Dich, alter Schurke, dich erwürg' ich auch!

Du hast das Schelmstück, wett' ich, angegeben,

Du hast mir abgelauscht, daß einmal jährlich,

Ein einzig Mal ich mich des Lebens freue,

Und du mißgönnst mir diesen einen Tag!

Ich aber will dir zeigen —

Bernardo

(zurückweichend).

Hört mich doch,

Ich bitt' euch, lieber Herr —

Antonio.

Herr, lieber Herr! ·

Nun läugnet noch, daß ihr mich narrt! Herr! Herr!

Bin ich ein Herr? Bin ich ein Nobile,

Steh' ich im goldnen Buch der Hochgebornen,

Die Macht und Ehren unter sich vererben?

Bin ich vom Teig, aus dem man Dogen knetet?

Kann mehr ich werden je, als Secretär,

Als Einer, der da sitzt, und ohne Urlaub

Durch dreißig lange Jahr' Diktando schreibt?

Herr nennt ihr mich? Ich bin ein Lastthier, bin

Ein Knecht, ein Hund, kein Herr, und ihr seyd Schurken,

Und meine Hände sollen euch erwürgen!

———

Dritte Scene.

(Während Ser Antonio wiederholt drohend auf die in der Ecke rechts zusammengedrängten drei Diener zugeht, tritt durch die Mittel-thüre Meßer grande ein, schwarzes Costume militärischen Schnittes, Stutzstiefel, Stoßdegen, langer schwarzer Mantel, weißer Stab.)

Meßer grande.

Ich komm' zu melden, Ser Antonio —

Antonio
(sich rasch umwendend).

Wie — melden — Meßer grande — Ei, willkommen!
(Für sich.)

Der steht wohl auch im Bund mit jenen Schurken;

Er mag nur kommen, ich erwürg' ihn auch!
(Laut.)

Woher des Wegs? Was bringt ihr, Meßer grande?

Meßer grande.

Ich komm' zu melden —
(Zu den Dienern.)
Tretet ihr bei Seite,
Hier gilt's Geschäfte!
(Während sich die Diener in den Hintergrund zurückziehen.)
Zu berichten, komm' ich,
Daß ich so eben auf Befehl des Tribunals
Den hochgebornen Herrn Camill Pisani
Hieher gestellt!

Antonio.

Camill Pisani! So!

Meßer grande.

Auch daß ich ferner einen sicheren
Pasqual Beccari, Hafencommissär
Zu Capodistria, dermalen hier auf Urlaub,
Zu Stand gebracht!

Antonio.

So habt ihr — Schön, recht schön!
(Für sich)
Gleich pack' ich ihn! Mir zuckt's schon in den Händen!

Meßer grande.

Hier meine Vollmacht, Herr, und nun geruht
Mir weitere Befehle zu ertheilen.

Antonio

(das ihm hingereichte Blatt entfaltend)..

Wie — Morosini's Hand! — Recht hübsch, fürwahr

Recht täuschend — Nein, das ist nicht nachgeahmt!

Der Schnörkel hier — und der — Herr Gott im Himmel —

Und dieser — Sitzung — Sitzung heute Nacht!

(In den Lehnstuhl links zurücktaumelnd.)

Da lieg' ich — Gnad' mir Gott — Ich bin ein Mann

Des Todes!

Meßer grande

(zu Bernardo, während Lorenzo und Zanetto zu Antonio
hineilen).

Ey, was fehlt dem guten Herrn?

Bernardo

(ausweichend).

Ein Schwindelanfall, scheint es —

Antonio

(für sich).

Heute Nacht

Noch Sitzung — und die Vorgeladnen draußen,

Und dieser hier, der auf Befehle harrt!

Befehle — Lieber Gott! — Was pflegt' ich denn

Nur sonst — doch ja, so war's —

(Nach einer Pause sich sammelnd, zu Meßer grande gewendet)

Verwahrt sie abgesondert

Meßer grande.

Sehr wohl! Habt sonst ihr etwas zu befehlen?

Antonio.

Nein, Meßer grande! Geht mit Gott —
(Für sich.)

zum Teufel!

Meßer grande
(im Abgehen zu Bernardo).

Fürwahr, mich dauert der verdiente Mann;
Habt Acht auf ihn und pflegt des würd'gen Greises!
(Durch die Mittelthüre ab.)

Antonio
(nach einer Pause wehmüthig).

Am End' ist Alles, Alles nur ein Traum!
Ich sitz' daheim im Lehnstuhl, nick' ein wenig,
Und könnt' ich es nur über mich gewinnen,
Und thäte wieder meine Augen auf,
So wär's vorüber, und ich säß' vergnügt
Bei Cyperwein und Dalmatiner Wachteln!
Doch nein, es ist kein Traum! — Dies ist mein Arm,
Dies hier mein Bein, und heute Nacht ist Sitzung!

Bernardo
(der indessen zu ihm herangetreten).

Begreift ihr's endlich, Ser Antonio?

Lorenzo

(der vom Stuhle rechts das Amtskleid geholt hat).

Herr Pathe, hier, legt euer Amtskleid an!

Zanetto.

Ihr habt kein Bischen Zeit mehr zu verlieren!

Antonio

(während Lorenzo und Zanetto ihm in den Talar hineinhelfen).

Lorenzo, Dank, und hör' mich an! Auch ihr,
Zanetto, Freund Bernardo, hört mich an!
Vergebt mir, bitt' ich, meinen Ungestüm;
Sey Einer schlangenklug sein ganzes Leben:
In jedem Menschen steckt ein Quentchen Tollheit,
Und früher oder später bricht's heraus!

Bernardo.

Ei, Ser Antonio, laßt die eitlen Worte.

Lorenzo

(Antonio'n das Barett aufstülpend).

Und nun noch das Barett!

(Rechts außer der Scene wird zweimal vernehmlich gepocht.)

Lorenzo.

Da pocht es, Herr,

Sie sind's!

Antonio.

Was sagst du? Wie, die gnäd'gen Herren

Zanetto.

Das Zeichen war's, das All' uns gehen heißt,
Die nicht berechtigt, sie von Angesicht
Zu schauen.

Antonio
(nach einer Pause, resignirt).

Führt mich denn zu meinem Tisch,
Und überlaßt mich meinem Schicksal!

Bernardo.

Ey,
Faßt Muth! Was ist's denn auch um eine Sitzung.
(Es wird ein drittes Mal gepocht.)

Lorenzo.

Da pocht es wieder!

Antonio.

Geht denn, Kinder, geht.

Lorenzo.

So lebt denn wohl!

Zanetto.

Und übersteht es glücklich!

Antonio
(nach einer Pause, während die drei Diener durch die Mittelthüre
eilig abgehen).

Mir wird der Kopf so wüst, so bleiern schwer!
Die Hände zittern mir! — Da soll ich nun

Hier sitzen, soll mit eines Protocolles
Grimmsaurem Nachgeschmack mein Jugendfest
Beschließen! — Das ist hart! Weiß Gott, zu hart!
Einmal in einem Jahr voll Schweiß und Mühen,
Ein einzig Mal, und dieses Einmal Sitzung;
Doch still, sie kommen, still!

Vierte Scene.

Antonio. Leonardo Dolfin, Andrea Morosini und Geronimo Venier

(treten in ihrer Amtstracht, in langen schwarzen Talaren mit weiten herabhängenden Aermeln aus der Seitenthüre rechts).

Venier.

Wie gesagt, ihr Herren, in England halten sie das anders! Sie sehen lieber das Volk sich frei und selbstständig aus sich selbst herausbilden, als daß sie durch Verbote und Befehle vorausbestimmend auf den Gang seiner Entwicklung einzuwirken versuchten!

Antonio

(der während dieser Rede, auf den Tisch gestemmt, sich mühsam vom Stuhle emporgearbeitet).

Unterthänigst pflichtschuldigen Respect — in Ehrfurcht ersterbend — großmächtigste hochweise Herren —

Benier.

Habt guten Abend, Antonio! — Sie meinen, die
Gemüther der Menschen ließen sich nicht durch Drohung
und Gewalt einschüchtern, ohne daß zugleich alle Keime
von Selbstgefühl und Thatkraft in ihnen erstickt würden;
und das Volk belauern und bevormunden hieße nur, es
zur Tücke und Heuchelei erziehen!

Dolfin.

Seltsam, sehr seltsam! Und England, sagt ihr, ist
mächtig und blüht und gedeiht!

Morosini.

Genug der müßigen Worte! Mögen andere Staaten
andere Wege gehen, Venedig ist unter Verboten und Befehlen zu seiner Größe herangeblüht, und wehe dem, der
hier tolle Willkür an die Stelle des ruhigen Gehorsams
zu setzen versuchte! Laßt uns an unser Geschäft gehen!

Benier.

Ihr seht so ernst und finster, Morosini! Sind schlimme
Nachrichten aus der Levante eingelaufen, oder bestätigt
sich die Nachricht von dem Ausbruch einer Verschwörung
zu Ragusa, und sind wir — ich schaudre es auszusprechen — sind wir, um ein geheimes Bluturtheil auszufer-
tigen, so unvermuthet zum Rathe berufen worden?

Morosini.

Ihr bebt vor dem Gedanken zurück, ein Bluturtheil über Staatsverbrecher, über Hochverräther zu fällen? — In der That, Venier, unsre Vorfahren im Amte — Doch, gefällt es euch, laßt uns Platz nehmen!

(Sie setzen sich um den in der Mitte der Bühne befindlichen runden Tisch, so daß Venier in der Mitte, Morosini rechts, und Dolfin links zu sitzen kömmt.)

Antonio

(der sich bisher an den Tisch gelehnt mühsam aufrecht gehalten, ebenfalls auf seinen Stuhl niederfinkend).

Gott sey Dank, wir sitzen! Stünden wir nur schon wieder auf!

Morosini

(in seiner Rede fortfahrend).

Unsre Vorfahren im Amte, sage ich, würden dieses allmächtige und allwissende, unsichtbar waltende Tribunal, das in alle Zweige der Verwaltung eingreift, wie es in alle Familiengeheimnisse eindringt, sie würden, mein' ich, dieses Tribunal kaum zu dem gemacht haben, was es ist, wenn sie eure zarte Scheu vor Bluturtheilen getheilt hätten! Gleichwohl hegt keine Besorgnisse, Venier —

Antonio

(gähnend, für sich).

Herr Gott, mir kömmt der Schlaf!

Morosini
(fortfahrend).

Es sind nur einige — häusliche Angelegenheiten
möchte ich sagen, die weniger wichtig als eben unver-
schieblich diese außerordentliche Berathung nöthig mach-
ten. — Der Gesandte Venedigs am kaiserlichen Hofe ist
gestorben. Die Weisheit der Republik hat ihren Gesandten, wie ihr wißt, zu allen Zeiten nur sehr geringe Be-
züge ausgeworfen, indem sie darauf rechnete, der Ehrgeiz
der edlen Venetianer würde sich nichts desto weniger um
so hohe Posten dringend bewerben und wetteifern, sie
aus eigenen Mitteln so glänzend als möglich zu versehen.
Anfangs bewährte auch der Erfolg die Richtigkeit dieser
Voraussetzung; allein allmälich erlosch der edle Gemein-
geist, der früher die Söhne der Republik belebte, und
bald wurde es als Strafe angesehen, Würden zu über-
nehmen, deren Verleihung früher als die höchste Ehre
galt. Mit dem leidenschaftlichen Begehren nach jenen
Aemtern aber erstarb auch das Bestreben, sich für die
Uebernahme derselben gehörig auszubilden, und so findet
sich dermalen unter den Edlen Venedigs nur ein Einziger,
dem jener so wichtige Gesandtschaftsposten mit Beruhi-
gung übertragen werden könnte; Camill Pisani meine ich!
Allein er ist leider arm, und also außer Stande, als Be-

werber um eine Stelle aufzutreten, die was sie an Ehre und Ansehen verleiht, an Glanz und Aufwand zurückempfangen will.

Venier.

Camill Pisani, sagt ihr! In der That ein ausgezeichneter Mann! Keiner taugt für den erledigten Posten wie er, und so wird die Republik wohl zu seinen Gunsten eine Ausnahme machen und von ihrer weisen Sparsamkeit abgehen müssen.

Morosini.

Die Republik macht keine Ausnahmen; ihre Grundsätze stehen fest, unabänderlich sind ihre Beschlüsse!

Dolfin.

Zum Glück ist Camill Pisani noch unvermählt!

Venier.

Noch unvermählt, sagt ihr? — Und was soll das hier ändern oder bessern?

Morosini.

Ihr scheint, Venier, während eures Aufenthaltes in England vergessen zu haben, daß dieses Tribunal vorlängst die Obervormundschaft über die Erbtöchter und die reichen Witwen der Nobili's übernahm, so daß sie nur mit seiner Zustimmung sich vermählen, nur jene mit ihren Schätzen bereichern können, in deren Händen sie die Zwecke der Republik zu fördern vermögen!

Venier.

Ihr denkt also Pisani, wie es scheint, durch eine reiche Heirat in die Lage zu setzen, euch die Last jenes Gesandtschaftspostens abzunehmen!

Morosini.

Dies ist unsre Absicht, und die Umstände begünstigen ihre Ausführung! Da ist Stella Pisani, verwitwete Vendramin — Secretär, merk Namen auf und achtet der Beschlüsse, die wir fassen!

Antonio
(der auf seinem Stuhle eingenickt, auftaumelnd).

Pflichtschuldigst unterthänigst zu Befehl!
(Er schreibt einige Zeilen, nickt aber bald wieder ein und fährt so abwechselnd fort, bis an's Ende der Scene.)

Morosini
(fortfahrend).

Da ist Stella Vendramin, sage ich, eine geistreiche artige Frau, die von ihrem Vater, wie von ihrem Gatten her unermeßlichen Reichthum erbte und daher vollkommen geeignet wäre, durch ihre Hand Pisani seinen bedrängten Umständen, die Republik ihrer Verlegenheit zu entreißen. Während sich jedoch mehr als ein Bewerber der lebhaften Witwe verstohlen zu nähern versuchte, zeigt sich Pisani, obwohl ihr entfernter Verwandter und wie man wissen will, vor ihrer Vermählung sogar ein sehr leidenschaftlicher Bewunderer ihrer Vorzüge, Pisani, sag' ich, zeigt sich gegen ihre Liebenswürdigkeit so gleichgiltig, daß sein Benehmen nur dem ängstlichen Bestreben, in keiner Beziehung als eigennützig zu erscheinen, zugeschrieben werden kann.

Dolfin.

Ihr nennt den wahren Grund, es ist kein andrer!

Morosini.

Da nun, wie ihr wißt, einerseits der erledigte Gesandtschaftsposten schleunig besetzt werden muß, und andererseits die spröde Stella mittlerweile denn doch den Bewerbungen eines ihrer Anbeter Gehör schenken könnte, so schien es mir angemessen, euch ungesäumt zum Rathe zu versammeln und Camill Pisani vorladen zu lassen, damit ihm, wenn es euch anders genehm ist, im Namen des Tribunals bedeutet werde, wie man derlei Mißgriffen vorgebeugt, und seiner unzeitigen Schüchternheit ein Ziel gesetzt sehen möchte, und vielmehr mit Wohlgefallen wahrnehmen würde, wenn er seiner edlen Verwandten

jene Aufmerksamkeit widmete, jene Huldigungen dar-
brächte, die sie in solchem Uebermaße verdiene! — Dies,
wenn es euch genehm ist, genügt; gehorcht Pisani unserm
Befehle, so kann es nicht fehlen, daß die Vorzüge des
edlen Paares das Ihre thun, und die Republik dem Ziel
ihrer Wünsche entgegen führen werden.

Dolfin.

So muß es kommen; unbedingt trete ich eurem An-
trag bei.

Venier.

Pisani verdient das reichste Glück, und möge er es
auf diesem Wege finden, wie er es verdient!

Morosini.

Ihr stimmt uns bei, diese Angelegenheit wäre also
abgethan!

Dolfin.

Erlaubt mir denn meinerseits, eure Aufmerksamkeit
mit einem andern, freilich minder folgenreichen aber doch
nicht ganz unwichtigen Gegenstand in Anspruch zu nehmen. Das Tribunal hat zu allen Zeiten darauf gehalten, daß die Beamten der Republik, besonders in den
Provinzen, ihr Ansehen als Staatsdiener sorgfältig aufrecht erhalten. Nun hat ein sicherer Pasqual Beccari,
Hafencommissär zu Capodistria, unlängst Marta Verdani,

die Milchschwester der edlen Frau Stella Vendramin, derselben, von der eben die Rede war, geheirathet. — Ihr
merkt doch die Namen auf, Antonio?

Antonio
(aus seinem Halbschlummer auftaumelnd)

Aufzuwarten — unterthänigst gehorsamsten Respect.

Dolfin
(fortfahrend).

Diese Marta Verdani ist jung und hübsch, und so
bemächtigte sich des angehenden Ehemannes eine so über-
mäßige Zärtlichkeit, daß er ihrer selbst an öffentlichen
Orten nicht Herr zu werden vermag, sondern den Ermah-
nungen seiner Vorgesetzten zum Trotz seine Gattin mit
Galanterien aller Art, mit Schmeicheleien, ja mit Liebkosungen auf so auffallende Weise überhäuft, daß das
junge Paar unter dem Beinamen der Turteltauben zum
Gelächter der Stadt, ja der ganzen Provinz geworden ist.

Morosini.

Zum Gelächter, sagt ihr? — Die Diener der Republik mögen gefürchtet, gemieden, gehaßt, aber verlacht
dürfen sie nicht werden.

Dolfin.

So denk' auch ich, und da sich nun dieser Beccari,
zufällig beurlaubt, gerade dermalen mit seiner Gattin

3*

hier zu Venedig in dem Hause der Milchschwester dieser letztern, der schon früher genannten Stella Vendramin, aufhält, so hab' ich ihn durch Meßer grande vorladen lassen, damit er, wenn es euch anders genehm ist, im Namen des Tribunals allen Ernstes vermahnt werde, seiner tollen Leidenschaft nicht mehr so thöricht Raum zu geben, vielmehr sich künftig den Gesetzen des Anstandes zu fügen, und sich jener unziemlichen, Aergerniß gebenden Huldigungen zu enthalten, die ihm das Mißfallen des Tribunals zuziehen müßten!

Morosini.

So geschehe es! Der Anstand muß gerettet, das Ansehen der Republik in ihren Dienern aufrecht erhalten werden! Und ihr, Venier! tretet ihr unsrer Meinung bei?

Venier.

Was fragt ihr mich, ihr Herren? Ich bin ein Kriegs= mann, bin unter der Flagge der Republik bei Compaß und Steuerruder aufgewachsen — sendet mich der Flotte des Capudan=Pascha entgegen, die Kandien bedroht, aber fragt mich nicht um meine Meinung, wenn ihr eine Hei= ratsstiftung oder die väterliche Zurechtweisung irgend eines jungen Ehepaares vorhabt! Zwang ist mir verhaßt; dünkt euch hier seine Anwendung nöthig, so mögt ihr es ver=

antworten, wie es Die verantworten mögen, die mich von meiner Galeere weg in euren Rath beriefen! Und nun (aufstehend) genug für heute, ihr Herren; gewährt mir vielmehr, bitt' ich, eure freundliche Theilnahme an einem kleinen Fest, das ich heute Nacht in meinem Casino gebe! Nehmt ihr meine Einladung an?

Dolfin.

Mit beiden Händen und aus vollem Herzen, edler Venier!

Morofini.

Unsre Geschäfte sind abgethan! Wir folgen euch! (Zu Antonio, der bei dem Geräusche des Aufbruchs der Inquisitoren ebenfalls aus seinem Halbschlummer aufgefahren). Antonio gebt noch heute den vorgeladenen Parteien unsere Beschlüsse kund, und habt gute Nacht!

Antonio
(unter tiefen Bücklingen).

Unterthänigst — gehorsamst — in Respect ersterbend —

Morofini.

Ihr aber, Venier, laßt uns nun sehen, wie weit es die Engländer mit ihrer vollsthümlichen Entwicklung in Gastereien und Trinkgelagen gebracht haben. Denn ihr gebt uns doch ein brittisches Nachtessen — nicht wahr, ein brittisches Nachtessen?

Fünfte Scene.

Antonio

(während die Inquisitoren durch die Seitenthüre rechts abgehen, in
seinen Stuhl zurücksinkend).

Sie gehen, sie sind fort! Gott sey gepriesen,

Die Angst ist aus, die Qual ist überstanden!

Der Morosini fand kein Ende heut;

Mir war, als hört' ich Wasserfälle brausen,

Mühlräder klappern, Wetterfahnen knarren! —

Nun ist mir wieder wohl! — Der Schwindel wich,

Ich fühl' mich frisch und munter; nur erschöpft.

Und müde bin ich, und der Ruh' bedürftig;

Und drum hinweg nach Hause!

(Er steht auf, sinkt aber alsbald wieder in den Stuhl zurük.)

Halt! Ich muß

Den vorgeladenen Parteien erst

Kund geben, was die Herrn Inquisitoren

In ihrer Weisheit über sie beschlossen! —

Was aber — was beschlossen sie denn nur?

Mir war der Kopf so schwer, so eingenommen,

Und über all die Worte ist der Sinn,

Der Sinn zuletzt abhanden mir gekommen!

(In das vor ihm liegende Papier blickend.)

Die Namen stehen hier, und da und dort
Bruchstücke — abgeriſſne Reden — doch
Wo paſſ' ich die, wo füg' ich jene an?
Mir bricht der Angſtſchweiß aus! — Ich hab's vergeſſen
      Wie war's denn nur? — Es wurde Zweierlei
Beſchloſſen, wenn mir recht iſt, ein Verbot
Und ein Befehl! — Doch was nun weiter? — Wie,
War nicht die Rede von zwei Liebespaaren?
Weiß Gott, ſo war es. — Ja, zwei Liebespaare;
Dem einen wird verboten, und dem anderen
Befohlen ſich zu lieben! Recht, ganz recht!
Jetzt frägt ſich Eins nur, welchem von den beiden
Das Eine oder Andre auferlegt?
Das frägt ſich, ja, doch weiß ich's nicht zu ſagen!
      (In das vor ihm liegende Papier blickend.)

„Marta Verdani und Pasqual Beccari —
„Camill Piſani, Stella Vendramin —“
Camill Piſani iſt ein hübſcher Mann,
Und Stella Vendramin iſt Witwe, reich,
Unmäßig reich. — Bei denen braucht es wohl
Nicht erſt Befehle, ſcheint es, ſich zu lieben,
Und was hier denkbar, iſt nur ein Verbot;
Die Andern ſind vermählt, nicht lange zwar,
Doch „Ehſtand, Wehſtand“ ſpricht des Volkes Mund;

Das neckt sich, zankt sich, liegt sich in den Haaren, bis

Zuletzt: Habt Acht! und: Liebt euch! commandirt

Muß werden!

(In das vor ihm liegende Papier blickend.)

Ja, so ist es! Jedes Wort

Rückt nun von selbst mir an die rechte Stelle;

Ich hab' es endlich und so führ' ich's aus!

(Er klingelt. Meßer grande tritt durch die Mittelthüre ein.)

Antonio.

Der edle Herr Camill Pisani komme!

(Während Meßer grande durch die Seitenthüre links abgeht.)

Ja ja, die Praxis hilft nicht immer aus;

Da gilt's zurecht sich finden, combiniren;

Den Staatsmann macht zuletzt nur feiner Tact.

Der scharfe Blick, das richtige Erkennen.

Sechste Scene.

Antonio. Camill Pisani

(tritt durch die Seitenthüre links ein, bei seinem Anblick rafft sich
Antonio mühsam empor, und bleibt hinter dem Tische in un-
sicherer Haltung stehen).

Pisani.

Dem Ruf des hohen Tribunals gehorchend,
Erschein' ich hier vor seinen Schranken —

Antonio.

Nennt

Vorerst mir, bitt' ich, euren Namen, Herr,
Und fügt hinzu, so fern es euch bekannt,
Warum ihr vor das Tribunal geladen?

Pisani.

Camill Pisani nenn' ich mich! Warum
Ich aber vor das Tribunal berufen,
Laßt euch mich fragen, denn ich weiß es nicht!

Antonio.

Kennt ihr die Witwe Stella Vendramin?

Pisani.

Wohl kenn' ich sie, die Zierde aller Frauen,
Und ihr Verwandter rühm' ich mich zu seyn!

Antonio.
(für sich).

Ey, Vogel, pfeifst du so? Nun ist's gewiß
Ich folg' der rechten Fährie!
(Laut.)

Wisset denn,
Das Tribunal ist unzufrieden, Herr,
Mit ihr und euch!

Pisani.

Wie, was? Verkennt ihr mich?
Ich bin Camill Pisani! Seht euch vor,
Denn Irrthum scheint's, hält täuschend euch umfangen!

Antonio.
Das Tribunal irrt niemals!

Pisani.

Unzufrieden
Mit mir — und sie — und Stella Vendramin,
Wie reihte sich ihr Name an den meinen,
Wie käme sie —

Antonio
(für sich).
Er läugnet, es ist richtig!
(laut).

Vergebens, edler Herr, bemäntelt ihr
Mit eitlen Redensarten eure Schuld!

Bemüht euch nicht; das Tribunal weiß Alles,
Mehr als ihr selbst vielleicht —

Pisani.

Und was, San Marco,
Was, sagt mir endlich, weiß das Tribunal?

Antonio
(ab und zu in das vor ihm liegende Papier blickend).
Entnehmt es aus dem Auftrag, der mir ward,
Euch allen Ernstes zu ermahnen, Herr,
Nicht Raum zu geben mehr der Leidenschaft,
Die euch und Stella Vendramin verzehrt.

Pisani.
Mich — Stella Vendramin — Bin ich von Sinnen?

Antonio
(wie oben).
Des Anstands Pflichten künftig euch zu fügen,
Nicht ferner durch mißfäll'ge Huldigungen
Den Groll des Tribunals heraus zu fordern,
Und ihm und Andern Aergerniß zu geben!

Pisani.
Verläumdung! Aberwitz! Dies ist ein Irrthum —

Antonio.

Das Tribunal irrt niemals!

Pisani

(für sich).

Bin ich toll?

In Liebesflammen, meint das Tribunal,

Verzehre Stella's Herz sich und das meine;

Ich aber fühl' das meine frei bis jetzt,

Und Stella — wär' es möglich — Sollte Stella

Mir unbewußt mein Bild im Herzen tragen,

Mich lieben —

(Laut.)

Nein, es ist nicht! Glaubt mir doch!

Ihr sprecht von Dingen, die nicht sind, noch waren;

Erklärt mir —

Antonio.

Spart unnütze Fragen, Herr!

Ihr habt gehört; geht denn, gehorcht und schweigt,

Schweigt gegen Jedermann, bei eurem Leben!

Mehr hab' ich nicht zu sagen!

Pisani.

Hört mich an,

Bei Gott, ihr müßt mich hören —

Antonio

(ablehnend).

Edler Herr,

Habt gute Nacht!

(Mit einer tiefen Verbeugung auf die Mittelthüre deutend).

Gefällt's euch, dort hinaus!

Pisani.

Mit Unruh' kam ich, und mit Angst und Sorgen
Und Zweifel schwer beladen kehr' ich heim!
Es gährt in mir, und wunderbar bewegt,
Mir selbst ein Räthsel, brüt' ich über Räthseln!

(Er geht langsam durch die Mittelthüre ab).

Siebente Scene. ·

Antonio dann Messer grande.

Antonio.

Der edle Herr zeigten sich sehr ungnädig, und schienen Lust zu haben, mir zu Leibe zu gehen, aber das Ansehen des Tribunals läßt dergleichen Gelüste nicht zum Ausbruch kommen! Nun zu dem Andern! (Er klingelt.) Mich fröstelt, ich wollte, ich wäre zu Bett! Meine Gesundheit ist durch und durch erschüttert, und dieses Jahr müssen sie mir einen dreimonatlichen Urlaub geben, wenn ich nicht ganz und gar zu Grunde gehen soll.

Meßer grande

(tritt durch die Mittelthüre ein).

Antonio

(der während der letzten Worte seinen Tisch verlassend, sich etwas schwankend dem Rathstisch der Inquisitoren genähert hat).

Laßt Zanetto und Lorenzo sich bereit halten, Meßer grande, mich nach Hause zu bringen. Vorerst aber laßt mir den Andern, den Pasqual Beccari kommen!

Meßer grande.

Zu Befehl, Ser Antonio!

(Er geht durch die Seitenthüre links ab).

Antonio.

(indem er sich behaglich in einem der Lehnstühle der Inquisitoren niederläßt).

Der Bursche ist unser Einer, nur ein Beamter, und so wollen wir die strenge Form bei Seite lassen und es uns bequem machen.

Achte Scene.

Antonio. Pasqual Beccari.

Beccari.

(tritt durch die Mittelthüre links ein, und fällt sogleich auf beide
Kniee nieder).

Hochmächtiges gestrenges Tribunal, ich bin unschuldig!

Antonio.

Ihr seid Hafen-Commissär zu Capodistria, und
nennt euch Pasqual Beccari?

Beccari.

Ja, so will es mein Unstern, aber ich bin unschuldig!

Antonio.

Ihr seid verheiratet?

Beccari.

Nein, ich bin nicht verheiratet, ich bin unschuldig!

Antonio.

(für sich).

Der Spitzbube verläugnet seine Frau. (Laut). Wie,
ihr seyd nicht mit Marta Verdani verheiratet?

Beccari.

Ja, mir ist, als wäre ich verheiratet, aber ich bin
doch unschuldig!

Antonio.

Zum Teufel mit eurer Unschuld! — Steht auf und vernehmt in demüthiger Unterwerfung, was ich euch im Namen des Tribunals zu eröffnen habe. — Ihr lebt in Unfrieden mit eurer Frau, und zeigt euch gleichgiltig gegen ihre Liebenswürdigkeit —

Beccari.

Ich — sprecht ihr von mir? — Ich gleichgiltig, ich mit meiner Frau im Unfrieden leben — Ihr wißt nicht —

Antonio.

Das Tribunal weiß Alles! — Läugnet nicht und bedenkt euren Vortheil. Eure Frau ist jung und hübsch — und (ab und zu in das vor ihm liegende Papier blickend) darum solltet ihr sie nicht vernachlässigen, ihr keinen Anlaß geben, den Schmeichelworten heimlicher Bewerber zu lauschen, die sich ihr bereits vielfach verstohlen zu nähern versucht haben!

Beccari.
(starr vor Staunen).

Bewerber — Schmeichelworte — zu nähern versucht —

Antonio
(wie oben).

Und so vernehmt denn! Das Tribunal läßt euch allen Ernstes ermahnen, euren Mißhelligkeiten ein Ziel zu setzen, und künftig Eurer Frau die Aufmerksamkeit zu bezeigen, die Huldigungen darzubringen, die sie in so hohem Grade verdient!

Beccari.

Huldigungen — Zehntausend Millionen Teufel will ich ihr auf den Hals hetzen! — Mir schwindelt — ich weiß nicht, wie mir wird! Alle meine Furcht ist weg, und ich fühle, auch mein Respect, meine schuldige Devotion will mich verlassen! — Heimliche Bewerber — Wer sind diese Schufte, diese verstohlen sich nähernden Versucher? (Rasch auf Antonio zugehend.) Wer sind sie? Ich will es wissen! Nennt sie mir!

Antonio.

Weicht zurück! Ihr habt die Befehle des Tribunals vernommen! Geht hin, erfüllt sie und schweigt, schweigt gegen Jedermann, bei Leib und Leben.

Beccari.

Schweigen — Blitz, Höllen-Donnerwetter! (Er schlägt mit der Faust in den Rathstisch der Inquisitoren.) Reden will ich, reden! Ich Unglückseliger, beginne ich nicht sogar zu fluchen! — Aber gleichviel! Ich will reden, ich will die Namen dieser Schufte wissen! Ihr sollt nicht von der Stelle, eh' ich sie weiß!

Antonio

(vor dem andringenden Beccari sich um den runden Tisch herum flüchtend.)

Weicht zurück, sag' ich — Der Mensch ist gefährlich! (Er klingelt und zieht sich auf die linke Seite der Bühne hinter den dort stehenden Lehnstuhl zurück.) Im Namen des Tribunals weicht zurück!

Beccari

(ihn verfolgend.)

Nennt sie mir, sag' ich — Schmeichelworte — O ich will ihnen schmeicheln — Nennt mir die Namen oder —

Antonio

(zu Zanetto und Lorenzo, die durch die Seitenthüre links eintreten).

Bringt ihn fort, bringt ihn fort, er ist rasend!

Beccari

während er sich vergeblich sträubend von Lorenzo und Zanetto durch die Seitenthür links abgeführt wird).

Laßt los, ihr Schergen lichtscheuer Tyrannei! — Herr Gott, ich lästere, ich rebellire — Laßt los, sag' ich — Nennt mir die Namen jener Schufte, damit ich sie (schon außer der Bühne) erwürge, vergifte, zu Asche verbrenne —

Antonio

(erschöpft in den Lehnstuhl, hinter dem er sich verborgen, niedersinkend).

Das war ein Tag, das war ein Jugendfest!

Einmal des Jahrs und dieses Einmal Sitzung!

(Der Vorhang fällt.)

Zweiter Akt.

Festlich geschmückter und glänzend beleuchteter Saal im Palaste Vendramin, der im Hintergrund durch mehrere offene Spitzbogen von
einer mit Balustraden umgebenen Terrasse getrennt wird, welche die
Aussicht auf San Giorgio Maggiore und den Canal grande gewährt. Im Saale links und rechts zwischen der dritten und vierten
Coulisse zwei Flügelthüren einander gerade gegenüber, und ebenso
im Vordergrund der Bühne links und rechts zwischen der ersten und
zweiten Coulisse zwei kleinere Seitenthüren einander gerade gegenüber. Im Vordergrunde der Bühne rechts ein Tischchen, auf dem
eine Mandoline und mehrere Notenblätter liegen; daneben ein Lehnstuhl; links ein Tisch mit Schreibgeräthe. Auf der Terrasse, über
welcher der Mond am Nachthimmel sichtbar ist, drängen sich Ballgäste und Masken durcheinander, und eilen Diener und Pagen mit
Erfrischungen hin und her. Von Zeit zu Zeit aus der Ferne Musik.

Erste Scene.

Stella Vendramin tritt im Hintergrunde rechts auf; ihr
folgt **Adimari**.

Adimari.

Ihr flieht mich, Herrin dieses Feenschlosses,

Ihr flieht mich, Stella, doch ihr flieht vergebens,

Denn dienstbar wie das Eisen dem Magnet,
Und treu wie euer Schatten folg' ich euch.

Stella.

In diesem Falle seht euch vor, denn Eisen rostet leicht, und es soll Leute gegeben haben, die ihren Schatten dem Teufel verschrieben.

Adimari.

Grausame Circe, seht ihr selbst euch vor,
Denn wer wie ihr der Liebe Recht verhöhnt,
Pflegt doppelt ihre Allmacht zu empfinden!

Stella.

Doppelt, sagt ihr! — Gott steh' uns bei! In zwei Männer auf einmal sollte ich mich verlieben!

Adimari.

Ihr haßt uns, scheint's, haßt unser ganz Geschlecht,
Und um so grimmer, inniger, je mehr
Wir insgesammt euch huldigend verehren!

Stella.

Wie, was sagt Ihr? Insgesammt! Das ganze Männergeschlecht huldigend zu meinen Füßen, und ich Werth und Verdienst jedes Einzelnen prüfen, den Würdigsten aus Tausenden erwählen! — Wenn es so ist, so sind hundert Jahre wohl die geringste Frist, die ich

fordern kann, einer solchen Aufgabe zu genügen! —
Das werdet ihr einsehen und so laßt uns dieses Gespräch — in hundert Jahren fortsetzen!

Adimari.

Wie, unerbittlich Grausame, ihr wollt —

Stella.

In hundert Jahren — vergeßt nicht in hundert
Jahren!

(In die Seitenthüre links ab.)

Adimari.

Bleibt, fleh' ich, Stella bleibt!

(Nach einer Pause.)

Wer dies nun hörte,

Und weiß nicht, daß ich Adimari bin,
Der Schöne, wie sie zu Florenz mich nennen,
Der Mann, dem kein, kein Weib noch widerstand,
Der möchte wohl für einen Korb es nehmen,
Für einen runden wohlgeflochtnen Korb!
Nur daß zum Glück ich oft genug erfahren,
Wie seltsam launenhaft der Frauen Sinn,
Wie ungern ihre Schwäche sie bekennen,
Und daß ich eben Adimari bin,
Der Schöne, wie sie zu Florenz mich nennen!

(Er geht im Hintergrunde rechts ab.)

Zweite Scene.

Die Seitenthüre links öffnet sich und Stella zieht die sich sträubende Marta daraus hervor.

Stella.

Komm', sag' ich; du sollst nicht deine Stunden einsam in deinen Gemächern verseufzen! Komm, sey vernünftig! Tanzgewirre und Festesjubel erwarten dich!

Marta
(mit sentimentaler Resignation).

Nein, laßt mich, Madonna! Für mich ist auf Erden keine Freude mehr! (Links in einen Stuhl sinkend). Seit jenem unglücklichen Tage, da Pasquale so spät in der Nacht heim kam, auf meine Frage, wo er gewesen, so hartnäckig schwieg, so bleich und verstört mit allen Zeichen der tiefsten Erschütterung im Zimmer auf und niederrannte, seit jenem Tage ist mein Unglück entschieden! — Damals fühlte ich zuerst, daß er sein Herz von mir gewendet, daß seine Liebe mir verloren sey, damals —

Stella.

Marta, du sprichst im Fieber — Pasquale, dieses treue arglose Gemüth —

Marta.

Das ist er! Aber was vermögen nicht schnöde Buhler-

künste. und wenn er auch diesen getrotzt hätte, wer wider=
steht Zaubermitteln und Liebesträuken?

Stella.

Liebes unvernünftiges Kind, welche seltsame Wege
geht deine Phantasie? Dein Gatte, den ich erst heute noch
dich mit Schmeichelworten und Liebkosungen überhäu=
fen sah —

Marta.

Ja so thut er, wenn er sich beobachtet weiß; sind
wir allein, so läßt er seinem Unmuth freien Lauf, über=
schüttet mich mit Vorwürfen —

Stella.

Vorwürfe — Unmuth — Am Ende ist er eifer=
süchtig —

Marta.

Eifersüchtig — Er heuchelt es zu seyn, um seine
eigene Treulosigkeit vor sich selbst zu rechtfertigen. Genug
der eitlen Worte! (ueberaus sanft und weich.) Mein Unglück
ist entschieden, und mein Entschluß ist gefaßt —

Stella.

In der That, Närrchen, du machst mir bange. Du
denkst doch nicht an's Kloster — Du willst doch nicht—

Marta

(aufspringend und hastig auf und niedergehend).

Nicht rasten, noch ruhen will ich, bis ich meine Nebenbuhlerin entdeckt, bis ich die Schändliche erwürgt, zerrissen, vernichtet habe —

Stella.

Gott steh' uns bei!

Marta

(wie Oben).

Und ich werde sie entdecken, die Verworfene! Ich habe mir ein Pagenkleid zurecht gelegt, ich werde ihn verkleidet beobachten, bewachen, verfolgen, bis ich den Weg zu ihr gefunden und Zauber und Zauberin vernichtet habe.

Stella.

Marta, Marta, bist du denn ganz und gar verrückt?

Marta

(sich in den Lehnstuhl rechts werfend).

O ich bin die unglücklichste aller Frauen!

Stella.

Eher möchte ich dich die unklügste nennen! Welche Thorheit, Marta, auf eine augenblickliche Mißstimmung deines Gatten, auf eitle Luftgebilde hin, dir die abenteuerlichsten Besorgnisse zu schaffen! Und gesetzt auch, sie

wären mehr als Luftgebilde, was könnte trostlose Ver-
sunkenheit hier bessern, was sinnloser Ingrimm helfen? —
Du solltest vielmehr, je begründeter sich deine Besorgnisse zeigen, um so mehr —

Marta.

Um so mehr mich zu fassen, meinen Schmerz zu verbergen suchen, meint ihr? Nun ja, ihr freilich, ihr hattet
es leicht, Madonna! Euer Gemal, der hinfällige Greis,
mit dem nur Zwang euch verbunden, der freilich konnte
euch nicht eifersüchtig machen —

Stella.

Aber auch nicht glücklich, Marta, auch nicht glücklich!

Marta.

Ueberdies trug er euch auf den Händen, überhäufte
euch mit den kostbarsten Geschenken —

Stella.

Aber mein Herz blieb leer, und Leere des Herzens
ist das größte Unglück, das einer Frau widerfahren kann.

Marta.

So! Und doch zögert ihr noch immer diese Leere
auszufüllen? Ihr spottet der Bewerber, die euch huldigend nahen, und selbst Fregoso, der stattliche Genueser,
der reiche Florentiner Adimari —

Stella.

Wie, diesen Gecken sollte ich Gehör schenken? — Eher wollte ich mich in meinen grämlichen Vetter Camill Pisani verlieben, oder in deinen treuherzigen Pasquale! Was meinst du dazu, kleine Eifersucht?

Marta.

Ich meine, wer kalten Herzens ist, Madonna, hat gut Mäßigung predigen, und wer das Unglück hat, (mit hervorbrechenden Thränen) braucht nicht für Spott zu sorgen!

Stella
(Marta umschlingend).

Thränen, schon wieder Thränen! Beruhige dich, armes Kind, fasse dich! Mein Herz ist nicht kalt, wenn es auch für keinen dieser langweiligen Männer schlägt, ich spotte deines Unglücks nicht, wäre es auch nur ein geträumtes! Komm, komm, du mußt dich erheitern, zerstreuen!

Dritte Scene.

Die Vorigen; Adimari und Fregoso,

die während der letzten Rede im Hintergrunde rechts aufgetreten sind

Adimari.

O holder Anblick, Lilie und Rose
In trauter Eintracht lieblich sich umschlingend!

Fregoso.

Hier endlich, schöne Wirthin, find' ich euch!
Wie lang entzieht ihr uns das Fest des Festes,
Im Strahle eures Auges uns zu sonnen!

Adimari.

Zum Tanze, horch, lockt schmelzend Flötenklang!
Was säumt ihr? Schenkt dem heitern Ruf Gehör,
Verscheucht den Ernst und laßt die Freude walten!

Stella.

Ihr mahnt mit Recht! Doch sebt, der Trotzkopf hier,
Verkehrt und störrig, will dem Augenblick
Sein Recht nicht gönnen, und statt heit'rer Lust
In trübem Sinnen eitlem Grame fröhnen!
Mein Wort vermag nichts; steht denn ihr, Fregoso,
Mit eurer Rede Zauberkraft mir bei,
Und zieht sie mit euch in des Tanzes Wellen!

Ich selbst reich' Adimari meine Hand;

Zum Tanz, zum Tanz! Kein Sträuben, Marta, folge.

Marta
(von Fregoso bei der Hand gefaßt, halblaut zu Stella).

Wo nur Pasquale bleibt?

Stella
(ebenfalls halblaut).

Er wird sich finden!

Marta
(wie oben).

Und wenn er mit Fregoso mich erblickt?

Stella.

Das soll er! Laß ihn Eifersucht empfinden;

Wer wirklicher Gefahr in's Aug' geblickt,

Der läßt des Argwohns eitle Grillen schwinden!

Kein Säumen mehr! Kommt, Adimari, kommt!

(Alle im Hintergrunde rechts ab.)

Vierte Scene.

(Nach einer Pause tritt Pasquale Beccari im Hintergrunde links ein, und schreitet, die Arme über die Brust gekreuzt, in tiefen Gedanken versunken quer über die Bühne in den Vordergrund rechts.)

Pasquale.

Ein Pagenkleid im Gemache meiner Frau verborgen! — Sonderbar, in der That sehr sonderbar! — Es

könnte freilich ein Maskenanzug sein, aber heute wenig-
stens, bei diesem Maskenfeste scheint er nicht gebraucht
zu werden! Uebrigens können derlei Maskenanzüge auch
zu anderweitigen Verkleidungen dienen, oder wohl gar
bereits gedient haben! — Wenn das Tribunal Recht hätte,
wenn du es unverdient gelästert hättest — Nimm dich zusammen, Pasquale! Pagenkleider lassen auf Pagenstreiche
schließen, nimm dich zusammen.

Fünfte Scene.

Pasquale; Camill Pisani

(ist mittlerweile im Hintergrunde rechts eingetreten und ebenfalls in
tiefe Gedanken versunken, ohne Pasquale zu bemerken, in den
Vordergrund der Bühne links vorgeschritten).

Camill.

Sie liebt mich, liebt mich, sagt das Tribunal!
Sehr seltsam in der That! Zwar damals schon,
Am Gardasee in ihres Vaters Villa,
Als noch ein Jüngling mit dem halben Kind
Harmlose Tage tändelnd ich verbrachte,
Schon damals schien ihr Herz mir zugeneigt;
Sie weinte heiße Thränen, als wir schieden,
Und jetzt, besorg' ich, weint sie herb're noch;

Denn wie der Vater einst, hat jetzt im Stillen
Das Tribunal mit ihrer Hand verfügt,
Mit ihrer reichen Habe sollt' ich sagen!
Ob sie ein Lebensglück damit zerschlagen,
Ein Herz zerbrechen — Ei, wer wird viel fragen!
Das Tribunal verbietet's, das genügt!

Pasquale
(Ohne Camill zu bemerken).

So viel ist ausgemacht, Pasquale, du hättest dich
von vorne herein klüger und umsichtiger benehmen sollen! —
Statt deine Frau mit dem Anschein treuherzigen Ver-
trauens in Sicherheit zu wiegen, bist du mit deinem Argwohn herausgeplatzt, und nun aufgeschreckt und erbittert,
verhüllt sie in zehnfache Schleier, was du der Arglosen
so leicht abgelauert hättest! Du warst im Vortheil und
ließest ihn entschlüpfen! Pasquale, das war einfältig!
Pfui, schäme dich, Pasquale!

Camill
(Ohne Pasquale zu bemerken).

Mir freilich, mir gilt's gleich! Ich dachte nie
Auch nur von fern daran, um sie zu werben,
Und jetzt am wenigsten, wo solche Schätze
Der Tod des Gatten ihr zu Füßen legt!
Doch Eins gebeut mir, fühl' ich — Dankbarkeit

Für ihre stille Neigung, sie zu warnen,

Daß nicht Verräthern sie Vertrauen schenke,

Und besser als bisher sie leider that,

Vor Späherblicken ihr Geheimniß berge!

Doch wie beginn' ich's? — Strenges Schweigen ward

Vom Tribunal mir auferlegt; auch dünken

Mir Worte fast zu plump, zu derb! — Ja, wer

Ein Dichter wär' und selbst das Rauhe zart,

Das Schmerzlichste noch mild zu sagen wüßte!

Pasquale
(wie oben).

Aber nicht nur die Gesetze der Klugheit hast du mit Füßen getreten, auch den Befehl des Tribunals, deiner Frau mit Aufmerksamkeit zu begegnen, auch diesen dir bei Leib und Leben eingeschärften Befehl hast du links liegen lassen! Pasquale, du hast deinen Kopf verwirkt, du hast dich fortan als rechtlich kopflos, als geistig hingerichtet anzusehen! Fahr' so fort, Pasquale, und du wirst noch allen Ernstes über die Seufzerbrücke wandern müssen!

Camill
(wie oben).

Da fällt ein Lied mir bei, ein altes Lied,

Von meiner Amme oft mir vorgesungen,

Wie tröstend die Prinzessin — war's nicht so? —
Ihr krankes Herz in Schlaf fingt — Ja, so war's;
Ein traurig Lied, doch ernst, beziehungsvoll,
Und ganz geeignet, tröstend sie zu warnen!
An's Werk denn —

(Er tritt an den Tisch links, um zu schreiben.)

Nein, sie kennt ja meine Hand.
Ich müßte fremder Züge mich bedienen!
Wo aber —

(Pasquale gewahr werdend.)

Halt, da ist mein Mann; Pasqual
Beccari wähl' ich, ihm vertrau' ich mich!

Pasquale
(wie oben).

Du stehst am Scheideweg, Pasquale! Einen Schritt
weiter und du bist verloren. Sammle, fasse, beherrsche
dich! Versprich mir, gib mir die Hand darauf, möcht' ich
sagen, künftig leiser aufzutreten, vor Allem aber deine
Frau, besonders vor Zeugen auf das Liebevollste zu be-
handeln, denn das Tribunal hat aller Orten seine Augen,
seine Ohren, seine Arme, und wenn du dich am einsam-
sten glaubst —

Camill
(hat sich ihm leise genähert und schlägt ihn nun auf die Schulter).

Habt guten Abend, Ser Pasquale!

Pasquale

(zusammenfahrend und aufschreiend).

O ihr himmlischen Heerschaaren! Erbarmen, Gnade!

Camill.

Seyd ihr toll?

Ihr bebt wie Espenlaub und schreit um Gnade!
Sagt an, was habt ihr, sprecht!

Pasquale.

Nichts, nichts — der Schreck — die Ueberraschung! —
Vergebt mir, edler Herr, und sprecht, was steht meinem
hohen Gönner zu Diensten?

Camill.

Ein Stück von eurer Handschrift, Freund, nicht mehr!
Ich möchte nämlich, unter fremden Zügen
Verbergend sorglich, daß von mir es kam,
Ein Lied, Pasqual, euch in die Feder sagen!

Pasquale.

Ein Lied, edler Herr, ein Lied! — Ich bin Beamter der erlauchten Republik und es gibt verschiedene Lieder — Trinklieder, Spottlieder, politische Lieder —

Camill.

Was fällt euch bei? Wer denkt an Politik;
Von einem Liebeslied ist hier die Rede,

Von einem harmlos heitern Maskenscherz,
Zu dem mir eure Feder dienen soll!

Pasquale.

Ein Liebeslied, edler Herr, ein Maskenscherz,! Daran
darf ich mich wagen; befehlt über mich, ich stehe zu euren
Diensten! (Indem er sich dem Tisch links nähert, und sich zum
Schreiben zurechtsetzt, für sich.) Wer Teufel hätte dem trockenen
tugendsteifen Patron irgend eine Bekanntschaft mit Liebes-
liedern zugetraut? — (Die Feder ansetzend, laut.) Die Ueber-
schrift, mein hoher Gönner —

Camill.

Das braucht's nicht, schreibt nur gleich die Verse:
(Langsam, aber nicht eigentlich dictirend.)
„Was du suchst, es steht zu ferne,
„Was du hoffst, es darf nicht sein;
„Trotzig Kind, sieh endlich ein:
„Unerreichbar sind die Sterne!
„Armes Herz, schlaf' ein, schlaf' ein!"
(Innehaltend, für sich.)
Wie wird mir? Sprach ich Zauberworte aus!
In's tiefste Leben dringt ihr Klang mir nieder,
Und meine Jugend steigt aus ihrem Grab
Und schwärmt und träumt und liebt und lächelt wieder!

Pasquale

(schreibend)

„Schlaf' ein! schlaf' ein!" — Beliebt nur fortzufahren!

Camill

(wie oben).

„Wer vertraut, der ist betrogen,

„Und wer glaubt, glaubt leerem Schein;

„Was geschieht, das muß so seyn;

„Ruhig denn, empörte Wogen,

„Armes Herz, schlaf' ein, schlaf' ein!"

Pasquale

(für sich).

Sehr schön und ganz ungemein einschläfernd! An
wenn das Ding nur gerichtet sein mag?

Camill

(seufzend).

Es muß so seyn! — Nun, habt ihr's, seyd ihr fertig?

Pasquale

(aufstehend.)

Hier ist das Blatt, und darf man fragen —

Camill.

Nein,

Mein Freund, man darf nicht fragen —

(Innehaltend, für sich.)

Aber wie,

Wenn seine Hand sie etwa kennt und ihn

Bestürmte — (Laut.) Halt, um Eins noch bitt' ich euch;

Es könnte sich begeben, ihr erfuhrt,

Wer dieses Blatt empfing; in diesem Fall

Versprecht mir, schwört mir's zu, nicht mehr zu sagen,

Als eine Maske, oder noch bestimmter,

Ein weißer Domino hätt' euch dies Lied

Dictirt! Versprecht mir's, gebt die Hand mir drauf,

Ihr wollt so sagen —

Pasquale
(zögernd).

Allerdings, mein hoher Gönner, wenn ihr's befehlt,

wenn ihr's vertreten könnt —

Camill.

Vertreten — Ey, mißtraut ihr mir, Pasquale?

Hegt keine Furcht, ich steb' für Alles ein,

Und dankverpflichtet bleib' ich eurer Güte!

Pasquale
(für sich).

Welche Geheimnisse, welche Winkelzüge!

   „Wer vertraut, ist betrogen,

   „Wer da glaubt, glaubt leerem Schein!“

Geht das Lied am Ende mich selbst an? (Laut.) Habt

ihr mir noch etwas zu befehlen, edler Herr? Ich würde
sonst etwas nach meiner Frau sehen —

Camill.

Ich halt' euch nicht, Pasquale! Eure Frau,
Ihr werdet, denk' ich, sie im Tanzsaal finden;
Dort sah ich mit Fregoso sie vorhin
Im Wirbeltanz an mir vorüberschweben!

Pasquale.

Meine Frau, — Wirbeltanz — Fregoso — Wäre
der am Ende — (Stürmisch abeilend.) So soll das Donner-
wetter dem ambraduftenden honiglispelnden Windbeutel
von Genueser auf den Kopf fahren.

(Im Hintergrunde rechts ab.)

Camill.

Was ficht den Burschen an? Gleichviel! Die Zeit
Ist günstig; hier an's Band der Mandoline,
In deren süße Klänge sie so gerne
Der eignen Stimme süßern Wohllaut mischt,
Hier heft' ich, Lied, dich an! Thu' deinen Dienst,
Und warne sie zu schweigen, stärke sie,
Von mir sich loszureißen; fühl' ich gleich,
Gelingt es ihr, so werd' ich's schwer verwinden! —

Wie ist mir nur? — Die Brust wird mir so enge,
Die Stirn' so heiß! Wie Schwindel faßt mich's an!

Ist's Schmerz, ist's Zorn, ich weiß es nicht zu nennen;
Ich weiß nur Eines! Führst du je, Geschick,
Auf Schwerteslang' den Räuber mir entgegen.
Um deſſentwillen jenes Tribunal
In Feſſeln Stella's Neigung wagt zu legen,
Und trieft sein Herzblut nicht von dieſem Degen —
Dann that'st du recht und trafst die beſſ're Wahl,
Und an Pisani's Glück war nichts gelegen!

(Er eilt links im Hintergrunde ab.)

Sechste Scene.

Marta

(öffnet nach einer Pause die Seitenthüre rechts, blickt umher, tritt
endlich heraus und schreitet langsam dem Vordergrund rechts zu).

Auch hier ist er nicht, und ich sah ihn doch vorhin
sich hier herüber wenden! Wer weiß, in welchem Schlupf-
winkel er zu den Füßen der Heze schmachtet, die ihn um-
garnte; denn so ist es, was auch Stella sagen mag, nur
durch Hezenkünste und Liebestränke konnte Pasquales
treues argloses Gemüth mir entfremdet werden! Ihn
durch Eiferſucht zu mir zurück zu führen, wie Stella
meint — Ja, wer Stella wäre, wer wie sie mit einem
Worte beglücken, mit einem Lied zur Mandoline ge-

sungen — (Das an dem Band der Mandoline befestigte Blatt ge-
wahrend.) Wie — was seh' ich — Pasquales Handschrift —
(Das Blatt abnehmend und lesend).

„Armes Herz, schlaf ein, schlaf ein!"
Stoßseufzer unglücklicher Liebe — an dieses Band ge-
heftet — an Stella gerichtet — Pasquale — Stella —
(In den Lehnstuhl rechts sinkend, schwach.) Ich falle in Ohnmacht! (Sogleich wieder aufspringend und heftig auf und niedergehend.) Nein, ich rase, ich wüthe, ich morde! — Darum
also diese Redensarten: „Unsere liebenswürdige Wirthin!
Unsere vortreffliche Stella! Ihre heitere Anmuth solltest
du dir zum Muster nehmen." Darum also — Und ein
Gedicht — An mich hat er nie auch nur einen Leber-
reim gerichtet; ich mußte mich mit der hölzernen Prosa,
mit dem staubigen Kanzleistyl seines Liebesbriefe begnü-
gen! Stella — meine Milchschwester, meine Nebenbuhlerin — Sie sollte — sie könnte — Ich muß der Sache
auf den Grund kommen — Weg mit dieser fliegenden
Hitze — Ruhe — Besonnenheit! — Folge nur dem Rath
Pasquales: (Höhnisch auflachend.) „Armes Herz, schlaf' ein,
schlaf' ein!"

(Sie wirst sich, das Blatt wiederholt durchlaufend, in den Lehnstuhl
rechts.)

Siebente Scene.

Marta. Pasquale

(tritt ohne Marta zu bemerken im Hintergrunde rechts auf und
schreitet dem Vordergrunde links zu).

Pasquale.

Fregoso macht unserer edlen Wirthin den Hof, Marta
aber ist aus dem Saale verschwunden! — Wo sie nur
stecken mag! Auch das Lied, das ich für Herrn Pisani
niederschrieb, macht mich unruhig! Er lächelte so sonderbar, als ich es ihm überreichte!

„Wer vertraut, der ist betrogen.

„Wer da glaubt, glaubt leerem Schein!"

Seltsam; mir ist immer, als ob das mich anginge! Wer
sollte sich aber auch diese goldnen Worte mehr zu Ge-
müthe führen, als ein Ehemann, ist doch letzthin —
Halt — Was seh' ich — Marta — lesend — einen Brief
lesend — einen Liebesbrief; Treulose, jetzt hab' ich dich!
(Er schleicht behutsam auf den Lehnstuhl zu, in dem Marta sitzt.)

Marta

(die ihn schon früher bemerkt, ohne ihre Stellung zu verändern,
für sich)

Komm nur heran, Verräther, und fange dich in
deiner eigenen Schlinge!

Pasquale

(sich plötzlich von hinten über den Lehnstuhl niederbeugend.)

Guten Abend, Madame!

Marta

(läßt das Blatt sinken, und blickt ihm ruhig ins Gesicht.)

Guten Abend, mein Herr!

Pasquale.

Ich komme Ihnen ungelegen, wie es scheint!

Marta

Im Gegentheile sehr erwünscht, wie immer.

Pasquale.

Madame, ich durchschaue die Larve der Gleichgiltigkeit, die Sie vornehmen, werfen Sie sie weg! Sie lesen, Madame, was lesen Sie?

Marta.

Warum sollte ich es Ihnen verhehlen — ein Gedicht, ein reizendes kleines Gedicht, zwar nur das Werk eines jungen Anfängers —

Pasquale.

Eines j u n g e n Anfängers? — Er soll nicht alt werden, Madame, dafür steh' ich Ihnen. — Wo ist das Gedicht — ich will es sehen!

Marta.

Sie wollen es — (Aufspringend und ihm das Blatt hin-
haltend.) Wohlan, hier ist es, theilen Sie mein Erstaunen!

Pasquale
(zurückprallend, für sich).

Was ist das? — Unerhörter Verrath! — Für sie,
für meine Frau mußte ich jenes Lied niederschreiben!

Marta
(für sich)

Wie er dasteht, der entlarvte Bösewicht, beschämt
und vernichtet dasteht!

Pasquale.

Ich sehe, Madame, Sie erstaunen —

Marta.

Allerdings erstaune ich, Talente in Ihnen zu entdecken, die ich Ihnen nie zugetraut hätte! Seit wann
beschäftigen Sie sich mit Poesie?

Pasquale.

Mit Poesie beschäftigen! (Für sich.) Rücke ich nun mit
dem weißen Domino hervor, und sie ist mit ihm ein-
verstanden, so muß sie mir geradezu ins Gesicht lachen!
Gut, ich will es darauf ankommen lassen! (Laut). Madame,
ich habe mich nie mit Poesie beschäftigt; eine Maske,

ein weißer Domino, ersuchte mich vorhin, jene Verse
niederzuschreiben.

Marta.

Ein weißer Domino! Vortrefflich, vortrefflich!
(Sie bricht in ein höhnisches Gelächter aus.)

Pasquale.
(für sich).

Es ist richtig! Sie ist mit im Complotte!

Marta.

Vergeben Sie, daß ich lachte, wo ich vielmehr die
Gewandtheit bewundern sollte, mit der Sie allen listigen
Fragen nach dem Gegenstande ihrer dichterischen Be-
geisterung auszuweichen wissen.

Pasquale
(losbrechend).

Wer hier zu fragen hat, Madame, bin ich! Wie
kommen Sie zu jenem Blatte; reden Sie, aber sehen sie
sich vor, ich will Wahrheit, ungeschminkte Wahrheit!

Marta.

Hegen Sie keine Sorge! Meine Handlungen bedürfen
nicht der Hülle irgend eines weißen Domino, und so
erfahren Sie denn, was Sie ohnehin errathen haben werden, ich habe dieses Blatt gefunden, hier an dem Bande
dieser Mandoline befestigt gefunden, und sehen Sie, ich

befestige es nun wieder daran. (Sie thut es.) Seyen Sie ruhig, der weiße Domino soll nicht um die Früchte seiner Bemühungen kommen!

(Die Tanzmusik hat aufgehört; mehrere Masken und andere Gäste, unter ihnen Stella im Gespräch mit Fregoso, erscheinen theils auf der Terrasse im Hintergrund der Bühne, theils auf der Bühne selbst.)

Pasquale.

In der That, Madame, Ihre Verschmitztheit läßt sich nur mit Ihrer Unverschämtheit vergleichen.

Marta.

Ihre Stärke, mein Herr, scheint wohl nur die letztere zu seyn!

Pasquale.

Sie vergessen, daß ich Ihr Herr und Gebieter, Ihr Richter bin, Madame, Ihr Richter über Leben und Tod!

Marta.

Auch Tragödiendichter? — Aber Ihr Pathos überschlägt sich; bleiben Sie doch lieber beim Schäfergedicht!

Pasquale.

Madame, ich schwöre Ihnen — (Indem er heftig auf sie zufährt, gewahrt er die mittlerweile Eingetretenen; für sich.) Grundgütiger Gott! Wir haben Zuhörer — und der Befehl des Tribunals — Ich werde beobachtet, angezeigt — Da gibt es nur ein Mittel! (Laut zu Marta.) Ich schwöre Ihnen, Madame, nie flammte Ihr Auge so strahlend, nie blühte Ihre Wange so frisch! Himmlische Marta! Wer kann dich sehen, und dir widerstehen!

(Er macht Miene sie zu umarmen.)

Marta

(sich ängstlich gegen links zurückziehend).

Sie sind von Sinnen! Lassen Sie mich! — Sie überschreiten alle Grenzen —

Pasquale

(sie verfolgend).

Des Anstandes und der Schicklichkeit? Gleichviel! Mag die ganze Welt sehen, welchen Zauber du über mich ausübst! (Für sich). Ich möchte sie erwürgen, die Treulose!

Marta

(wie oben).

Zurück, erbärmlicher Heuchler!

Pasquale

(wie oben).

Schelm, wie grausam du dich auch anstellst, ich kenne deine Zärtlichkeit. (Für sich.) Wenn ich sie nur allein hätte! (Laut.) Ich weiß, daß du mich liebst, innig glühend, wie ich dich liebe —

Marta

(hat die Seitenthür links erreicht).

Ich sterbe vor Aerger und Scham! Zurück, schändlicher Gleißner!

(Sie tritt in das Seitengemach links und schließt hinter sich ab).

Pasquale.

(vor der Thüre).

Verschlossen! — Gut, mag sie sich verschließen! — Der Schein ist gerettet, die Gefahr vorüber und der Rest wird sich finden! Ja mein theurer Herr Pisani, obwohl ihr ein großer Herr seyd, und ich nur ein armer Schreiber, der Rest wird sich finden.

Achte Scene.

Während Pasquale links im Hintergrunde abeilt, treten Stella und Fregoso in den Vordergrund der Bühne. Die übrigen Masken und Ballgäste verlieren sich wieder allmälig im Hintergrund der Bühne.

Fregoso.

Glaubt meinem Worte, Herrin, kein Geschlecht

Itallens darf sich bessern Adels rühmen,

Als jenes der Fregoso, denn wir stammen

Von Alboin, dem Longobardenkönig.

Stella.

Ey, was ihr sagt, von König Alboin!

So muß ich wohl fortan: Mein Prinz, euch nennen.

Fregoso.

Entriß des Schicksals Grimm uns eine Krone,

So gab es Reichthum zum Ersatz dafür;

Durch alle Meere kreuzen meine Schiffe,

Und weite Ländereien nenn' ich mein;

Es lebt kein Zweiter, glaubt mir, weit und breit,

An Reichthum und Geburt mir zu vergleichen,

Und wie ihr selber ohne Gleichen seid,

Wem ziemte euch, als mir die Hand zu reichen!

Erwägt, bedenkt! Ich weiche nicht von hier,

Eh' eure Lippen diesen Trost mir schenken!

Stella.

Bedenken, sagt ihr! Gut, ich will's bedenken!

Fregoso.

Und wann, o redet, wann entscheidet ihr?

Stella.

Fragt Adimari, euren Mitwerber;

Ihm gab vorhin ich meinen Willen kund,

Er nennt die Frist euch, die ich mir bedungen!

Fregoso.

O holdes Wort, das tröstend mir erklungen!

Hinweg, hinweg! Zu Adimari hin,

Ihm gierig eure Worte abzufragen!

O fesselte doch Schlummer mir den Sinn,

Bis eures Wählens Stunde mir geschlagen!

Neunte Scene.

Stella

(während Fregoso im Hintergrund rechts abgeht).

So könnt' es kommen, edler Paladin;

Gewiß hält fester Schlummer euch umwunden,

Wenn meine hundert Jahre hingeschwunden!

(Um sich blickend.)

Doch sieh, ich bin allein! O sei willkommen,

Vertraute Stille, die mein Herz erfrischt!

(Sich in den Lehnstuhl rechts niederlassend.)

Erschöpft, betäubt vom wirren Festgebraus,

Nach traulichem Gespräche sehn' ich mich

Mit meinen Freunden! Wo schwand Marta hin,

Wo mag Pasquale weilen; selbst der Vetter,

Der ernste trockne Vetter, der so fromm,

Geduldig stets von mir sich necken läßt,

Camill selbst bleibt mir fern! Wär' dieses Fest

Nur schon vorüber, und ich könnte wieder

Bei meinen Büchern, meiner —

(Nach ihrer Mandoline greifend.)

Wie,

Ein Blatt am Band befestigt! Von Fregoso

Vermuthlich oder Adimari!

(Das Blatt vom Band lösend.)

Wie,

Was seh' ich?

Halm, Verbot und Befehl.   6

(Lefend.)

„Was du suchst, es steht zu ferne,

„Was du hoffst, es darf nicht seyn!'

Wie wird mir?

(Fortfahrend.)

„Trotzig Kind, sieh endlich ein.

„Unerreichbar sind die Sterne,

„Armes Herz, schlaf' ein, schlaf ein!"

(Von ferne Tanzmusik, aber ernster und gehaltener.)

Das ist das Lied; oft sang es mir Camill

Am Ufer, wo Citronen duftend blühten,

Wenn Abendwolken über'm Haupt uns glühten.

Und um den Kahn hingleitend sanft und still,

Mit jedem Ruderschlage Perlen sprühten!

Das ist das Lied, das liebste meiner Lieder.

Und zauberhaft verweht vor seinem Klang

Der Nebelflor, der lang mein Herz umschlang;

Die Bilder meiner Kindheit steigen nieder,

Mein blauer Gardasee, ich seh' dich wieder!

Wer aber hat dich, Lied, mir zugewendet?

Fremd ist die Handschrift — doch ein Fremder — Nein,

Dich kennen ich nur und Camill allein;

Er muß es seyn, er hat dich mir gesendet!

So denkt er noch der Zeit, die uns vereinte,

Des blassen Kindes, das mit ihm geschifft,

Mit ihm dahinsprang über Flur und Trift,

Das weinte, als er schied, so schmerzlich weinte!

Und warum kömmst du, Lied? Und welchem Herzen

Gilt warnend dein Gebot: Schlaf' ein, schlaf' ein?

Dem meinen — Ey, was hätt' es zu verschmerzen?

Und seinem, — seinem — Warum wiegt' er's ein?

Wohl eines Weibes Herz mag schweigend brechen,

Ein Mann, wie er, so ganz des Namens werth,

Pisani sollte wagen, handeln, sprechen,

Und wenn mein Reichthum seinem Stolz es wehrt —

Wohin gerath' ich? Schwinden mir die Sinne?

Der ernste trockne Vetter! — Trocken — nein!

Ich weiß nicht, was ich lasse noch beginne,

Mein Herz wallt auf! — Schlaf' ein, mein Herz, schlaf' ein!

Hinweg zum Fest! — Du aber, Lied der Lieder,

Dich küss' ich — küss' ich — noch einmal und wieder,

Und nun ruh' hier an meinem Herzen aus,

Der Diener vor der Thür' — der Herr im Haus!

(Sie verbirgt das Blatt im Busen, und eilt im Hintergrunde rechts ab.)

Marta

(die während Stella's letzten Worten unbemerkt aus der Seitenthüre links getreten, mit höchstem Pathos).

Sie küßt das Blatt! Sie liebt Pasqualen! Rache!

(Der Vorhang fällt rasch.)

Dritter Akt.

Saal wie im vorigen Akt. — Tag.

Erste Scene.

Marta
(tritt aus der Seitenthüre links.)

Mein Gemüth schwankt hin und her, und findet keine Ruhe! Stella war nie heiterer als seit dem Augenblicke, da sie jenes verhaßte Blatt empfing; Pasquale scheint dagegen betrübt und unruhig; der Schuldbewußte bemüht sich, mich durch Zuvorkommenheit zu gewinnen, aber mein gerechter Zorn versagt ihm alle Annäherung! Sie freilich, sie zerschmilzt gegen ihn in Freundlichkeit, sie überhäuft ihn — Doch sieh, da kommen sie! —

Zweite Scene.

Marta; Stella und Pasquale

(erscheinen auf der Terrasse im Hintergrunde der Bühne, wo sie bald stehen bleibend, bald auf und niedergehend sich unterreden.)

Marta.

Wie sie lächelt, wie ihre Augen blitzen! — Pasquale aber geht stumm und niedergeschlagen neben ihr her; seine Miene ist mehr die eines Opferlammes, als eines begünstigten Liebenden! Ja, immer deutlicher, immer klarer wird mir's, ihre Macht über ihn ist nicht von dieser Erde! Pasquale ist zu demüthig, zu schüchtern, zu zahm, als daß er wagen sollte, den Blick zu Stella zu erheben, wenn nicht sie selbst, die Verrätherin, mit geheimen Künsten, mit übernatürlichen Mitteln —

Dritte Scene.

Vorige. Page

(der durch die Seitenthüre links eingetreten).

Page.

Madonna —

Marta.

Leise, Benvolio, leise! Was bringst du mir? Warst du bei Meister Alberto —

Page.

Ja Madonna —

Marta.

Und nannte er dir ein Mittel gegen Zauberei und
Liebestränke? Rede, sprich, was sagte er?

Page.

Erst sah er mich eine Weile an, der boshafte Alte,
dann grinste er hämisch und meinte, wenn ich selbst etwa
mich für bezaubert hielte, oder des Glaubens wäre, einen
Liebestrank bekommen zu haben, so wäre eine tüchtige
Birkenruthe das beste Mittel dagegen —

Marta.

Leise, sag ich dir, leise! Gabst du ihm denn nicht
die Goldstücke und sagtest ihm, daß eine Dame dich sende!

Page.

So that ich; die Goldstücke steckte er auch richtig
ein, und sagte dann ganz ernsthaft, es stehe kein Mittel
gegen Zauberei in seinen Büchern; das Beste, was ihr
thun könntet, wäre, ihr ginget in den Dogenpalast und
würfet in einen der Löwenrachen nächst der Riesentreppe
einen Zettel mit eurer Anklage und dem Namen des
Zauberers und des Bezauberten —

Marta.

In einen der Löwenrachen nächst der Riesentreppe —

Page.

Die Staatsinquisition werde dann unverweilt Beide verhaften, den Zauberer nach Umständen verbrennen, den Bezauberten aber so lange sitzen und fasten lassen, daß er aller Bezauberung gewiß los und ledig würde —

Marta.

Verbrennen, grauenvoll — Genug, nimm dies Goldstück, geh' und schweige!

Page.

Wie das Grab, Madonna! (Im Abgehen). Wenn ich dem boshaften Alten seine Ruthe nicht gedenke, so will ich in meinem Leben keinen Schnurbart tragen und statt Fechten Strumpfstricken lernen!

(Durch die Seitenthüre links ab).

Vierte Scene.

Vorige ohne Pagen.

Marta.

Sitzen und Fasten, das möchte hingehen, möchte sogar der etwas gefährdeten Schlankheit seines Wuchses sehr zuträglich sein — Aber verbrennen — Nein, ich bin nicht grausam und blutdürstig, ich bin sanft und fromm, nur

zu sanft, zu geduldig — Verbrennen — Nein, lieber
will ich selbst das Opfer ihres Verrathes und meines
Kummers werden! (ueberaus resignirt.) Im Grabe ist Ruhe,
mögen sie leben und glücklich seyn.

Pasquale

(der indessen mit Stella in den Vordergrund der Bühne getreten).

Vergebt mir, Herrin!

Stella.

Kurz und gut! Ihr seyd
Ein Meister in der Kunst — ein Haar zu spalten!
(Für sich.)
Wo bleibt er nur, was mag ihn ferne halten?

Pasquale.

Ich meinte nur —

Stella.

Wir hörten's lang und breit!
Doch da ist Marta! Komm den Zwist zu schlichten,
Der feindlich mit Pasquale mich entzweit!

Marta

(für sich).

Die List'ge thut, als wären sie im Streit!
(Laut).

Madonna, klagt nur erst, so werd' ich richten

Stella.

So hör' denn; täglich wächst der Sonne Brand,
Und fort aus der Lagunen Schlamm und Sand
In's Hochgebirge dünkt mich's Zeit zu flüchten,
Nach unserm Salvoli am Gardasee;
Darüber schreit nun dieser Ach und Weh;
Es sey denn doch zu früh — die schlechten Straßen —
Und ihm Gebirge liege wohl noch Schnee —
Und dies und das, ganz kurz in Eins zu fassen,
Er will nicht fort! —

Marta.
(spitzig).

Wer mied' auch gern den Ort,
Wo überreiches Glück uns widerfahren! —

Pasquale.

Vor Reu' und Mühsal, Herrin, Euch zu wahren,
War mein Bestreben, und ich führe fort —

Stella.

Erspart es euch; ich wage, was ich wage!
Du aber, Marta, wenn ich dich nun frage,
Nicht wahr, du sprichst nicht: Nein! du sehnst dich auch
Nach Blumenduft, nach rein'rer Lüfte Hauch,
Nach meinem blauen See, den grünen Matten.
Nach Einsamkeit im dunklen Waldesschatten —

Pasquale.

Waldeinsamkeit ist schön, sehr schön, auf Ehre,
Wenn sie nur eben nicht zu einsam wäre!

Stella.

Zu einsam Einsamkeit! Ihr seyd von Sinnen!

Marta
(für sich).

Von Sinnen? Ich versteh' ihn ganz genau;
Zu einsam, meint er, um sein schnöd Beginnen
Zu bergen vor den Blicken seiner Frau!

Stella
(für sich).

Er säumt noch immer! Wie die Zeit sich dehnt!
(Laut.)
Und du stehst schweigend, Marta?

Marta.

Vor Entzücken!

Mein Salvoli, nach dem ich mich gesehnt,
Das ewig fern ich meinem Wunsch gewähnt,
Mein Salvoli soll wieder ich erblicken!
(Für sich.)
Betrügt sie mich, will ich auch sie berücken.

Stella.

Wie freut mich deine Freude!

Pasquale
(für sich).

Sonderbar!

Die Freude birgt wohl eine ihrer Tücken!

Marta.

Nach Salvoli! Ist's möglich, ist es wahr?
Wie sel'ge Tage wollen wir genießen;
Denn daß sie nicht zu einsam uns verfließen,
Dafür ist wohl gesorgt; ein gutes Buch
Belebt die Einsamkeit, dann kömmt Besuch,
Ihr nehmt den Vetter mit —

Pasquale
(für sich)

Will's da hinaus!

Vortrefflich ausgedacht, das muß ich sagen!

Marta.

Er liest uns vor in regnerischen Tagen,
Er schifft uns Abends in den See hinaus,
Pasqual indeß geht Hirsch und Rehe jagen —

Pasquale
(für sich).

Nein, Theuerste! Pasquale bleibt zu Haus!

Stella.

Der Vetter, meinst du —

(für sich)

Himmel, merkte sie —
(Laut.)

Der Vetter sollte mit nach Salvoli?
Doch was ist das? — Pasqual bemerk' ich eben
Sieht ganz erhitzt, verstört aus! — Seyd ihr krank?
Bedürft ihr Hilfe —

Pasquale.

Herrin, vielen Dank!
Nur Wallung war's! Es geht noch nicht an's Leben.

Stella.

Ich will von jenem Trank euch wieder geben;
Er half euch damals, als ihr schwindelkrank,
Und wird auch jetzt wohl euer Uebel beben!

Marta
(für sich).

Jetzt ist's heraus! Das war der Liebestrank!

Stella.

Wo blieben wir! Ganz recht, du meinst, es sollte
Der Vetter mit, da frägt sich denn zunächst —

Pasquale
(für sich).

Ich wollt', er wäre wo der Pfeffer wächst!

Stella.

Es frägt sich, ob er will; denn wenn er wollte —
Doch sieh, da ist er selbst!

(für sich)

Mein Antlitz glüht!

Hinweg! Erlöscht, verrätherische Flammen!

Fünfte Scene.

Vorige; Camill.

Camill

(der mittlerweile im Hintergrunde links eingetreten, vorwärts schrei-
tend, für sich).

Es ringen Furcht und Wunsch mir im Gemüth,
Und beide muß ich, Furcht wie Wunsch verdammen!
Der Warnung folgend, ist sie mir verloren,
Und Beide sind wir's, widerstrebt sie ihr!

Stella.

Fürwahr, Camill, Ihr kommt wie herbeschworen;
Denn eben war von euch die Rede hier.

Camill.

Ich hätte Stoff euch zum Gespräch geliehen?
Ihr macht mich staunen, Base!

(Für sich.)

Wehe mir,

Ich such' sie auf, und sollt' sie fliehen, fliehen!

Stella.

Wir haben einen Anschlag ausgeheckt,

Und sehen gerne Theil daran euch nehmen,

Nur müßt ihr erst zu schwören euch bequemen —

Camill.

Zu schwören — wie —

Stella.

Ey, Vetter, ihr erschreckt,

Als wollten wir zu einem Mord euch dingen!

Marta
(für sich).

So neckisch! Soll Der auch in ihre Schlingen!

Stella.

Beruhigt euch, ihr sollt nicht mehr uns schwören,

Als nur das Eine, daß aus inn'rem Drang

Ihr unsern Vorschlag annehmt, ohne Zwang.

Aus freier Neigung uns wollt' angehören!

Camill.

Euch angehören! —

(Für sich.)

Dieses Wortes Klang

Nur fehlte noch, mich gänzlich zu bethören!
Ihr angehören!

Stella.

Vetter, wird es bald?

Camill.

Ich schwöre —

Stella.

Gut! So laßt uns denn nun hören,
Was meint ihr, sprecht, zu einem Aufenthalt
In Salvoli?

Camill.

Wir, träum' ich oder wache?
Nach Salvoli, nach jenem Paradies,
Aus dem zu früh mich Thatendrang verstieß.
Dorthin — mein Gott, wie arm ist doch die Sprache! --
An jenen See, aus dessen klaren Wellen
Sein Blau der Himmel borgt, an jenen Strand,
Wo ich Verwaister eine Heimat fand,
An jene heil'gen, nie vergeßnen Stellen,
Wo ich zuerst, was Leben heißt, empfand —
Nach Salvoli — mein Herz will überquellen —
Nach Salvoli — doch nein, ihr treibt nur Scherz!

Stella
(für sich).

Er liebt mich, liebt mich! Jauchze, trunknes Herz.

Pasquale

(für sich).

Der Jubel, diese Seligkeitsgebärden!
Und Alles das geht Marta, Marta an!
O Tribunal! — Es ist verrückt zu werden!

Marta

(für sich).

Der Vetter und Pasqual, ein Zwiegespann!
Schwand alle Weiblichkeit aus diesem Weibe?

Stella.

Camill — kein Scherz ist's, den ich mit euch treibe;
Steht wahrhaft euch nach Salvoli der Sinn,
So hört von mir in vollem Ernst: Kommt hin!

Camill.

Nach Salvoli! —

(Für sich).

Der Stimme süßes Beben,
Der Wangen Glut, des Auges feuchter Strahl —
Sie liebt mich, liebt mich — und das Tribunal
Und sein Verbot — sein Ingrimm, der mein Leben
Und ihres mit bedroht — o Meer von Qual,
Und kein Entrinnen rings, kein Widerstreben!

Stella.

Ihr schweigt, Camill —

Camill

(für sich).

Jetzt sammle all' dein Mark,

Verwirrter Geist! Es gilt ihr Leben wahren,

Und nur Entsagung wahrt es! Zeig' dich stark,

Und laß die Schatten eitler Hoffnung fahren!

(Laut.)

Vergebt — ein Mann wie ich, erdrückt vom Schwalle

Andringender Geschäfte, ist nicht frei,

Und drum — wie reizend euer Vorschlag sey,

Annehmen kann ich ihn in keinem Falle! —

(Für sich.)

Verblute, Herz! Das Opfer ist gebracht!

(Stellung der Personen: rechts Pasquale, Stella; Camill, Marta links.)

Pasquale

(für sich).

Er thut, als wollt' er nicht! Ja, wenn wir's glaubten —

Stella

(für sich).

Mir starrt das Herz, wer hätte das gedacht!

(Laut.)

Geschäfte wären's, die euch nicht erlaubten —

Camill.

Geschäfte, dringende Geschäfte —

Halm, Verbot und Befehl.

Stella.

Gut,

Sie mögen für den Augenblick euch hindern,

Doch später, wenn der Drang der Arbeit ruht –

Camill.

Er wächst mit jedem Tag, statt sich zu mindern!

Marta
(für sich).

Sie dringt in ihn! Pasquale stirbt vor Wuth!

Stella
(tritt an Pasquale vorübergehend, an die äußerste Rechte, für sich).

Das ist es! Daher kömmt sein Widerstreben,

Er zweifelt noch, ich muß den Zweifel heben!

Doch wie beginn' ich's nur?

(Sie zieht ein Blättchen Papier aus dem Busen. — Stellung der Personen: rechts Stella, Pasquale; Camill, Marta links.)

Camill
(für sich).

Mein Muth ist hin!

Fort möcht' ich, fort, und bleib' gefesselt stehen;

Kaum weiß ich, was ich will und wo ich bin,

Und find' nicht Kraft zu bleiben noch zu gehen.

Stella
(hat das Blättchen ins Schnupftuch gehüllt, und tritt, an Pasquale vorübergehend, ganz nahe zu Camill hin).

Ein Wort noch, Vetter, sag' ich euch! Ich will! —

Ihr konntet sonst dem Wort nicht widerstehen —

Ich will es! Kommt nach Salvolt, Camill!

(Sie läßt das Schnupftuch fallen, das sie bisher so gehalten, daß Camill das Blättchen hätte gewahren können, und tritt an Pasquale vorübergehend, wieder an die äußerste Rechte.)

Camill

(das Schnupftuch nicht bemerkend).

Ich kann nicht, kann nicht! Wär' ich nie geboren!

Pasquale

(hebt das Schnupftuch auf, aber so, daß das darin verborgene Blättchen auf dem Boden liegen bleibt; das Tuch Stella hinreichend).

Das Schnupftuch hier entfiel euch —

Stella

(es nehmend; für sich).

Wehe mir!

Marta

(an Camill vorübergehend und rasch in die Mitte tretend).

Und sieh, hier liegt auch noch ein Blatt Papier!

(das Blättchen aufhebend und Stella hinreichend.)

Ist's euer?

(Stellung der Personen: rechts Stella, Pasquale, Marta, Camill links.)

Stella

(mit gepreßter Stimme).

Nein, ich habe nichts verloren!

Marta.

Nicht euer — So entfiel vielleicht es Einem

Der beiden Herren — Euch, Pasqual?

7*

Pasquale.

Nicht mir!

Marta
(zu Camill).

Dann euch?

Camill
(der indeß an die äußerste Linke getreten; gedankenlos).

Ich weiß von nichts, von gar nichts!

Marta.

Keinem

Gehört das Blatt —

Stella
(für sich).

Vor Scham möcht' ich vergehen!

Marta.

So bleibt es denn dem Finder! — Laßt doch sehen!
(Liest mit zornbebender Stimme.)

„Was so nah liegt, scheint dir ferne,

„Und was dein ist, gibst du auf;

„Blinder, blick' doch endlich auf,

„Denn es strahlen deine Sterne;

„Zagend Herz, wach' auf, wach' auf!"
(Das Blatt entsinkt ihr.)

Pasquale
(für sich).

Die Antwort auf das Lied! Wie wenn am Ende —

Camill
(der indeß aufmerksam geworden; für sich).

Ich, Unglückseliger!

(Rasch das Blatt vom Boden aufhebend; laut).

Das Blatt ist mein!

Pasqual
(für sich).

Sie trug's bei sich, und fand es blos zum Schein!

Marta
(für sich).

Sie warf es hin, damit Pasqual es fände!

Stella
(für sich).

Bedeck' mich, Nacht, und Wolken hüllt mich ein!

Camill
(für sich).

Ja! spricht ihr Herz, sprach auch das Schicksal: Nein!

Pasquale
(für sich).

Wach' auf, wach' auf, mein Herz! Sein Herz erwachen,
Und mir, mir vor der Nase — Hohn und Schmach!

Marta
(für sich).

Vor meinen Augen stellt sie frech ihm nach,
So recht ins Angesicht mich zu verlachen!
Das Maß ist voll! Es gibt noch Löwenrachen!

(Geht rasch im Hintergrunde rechts ab.)

Stella.

Wohin? Bleib', Marta, bleib'! — Doch ja, sie wollte
Vorhin zur Stadt, wohin ich selbst auch sollte,
Wär's nicht zu spät —
(Nach Camill hinüberblickend; für sich.)

Er schweigt, schweigt immer noch —
Wie, wenn ein Irrthum nur — ich muß ihn sprechen;
Klar muß ich sehen, sollt' das Herz mir brechen!
(Laut.)

Pasquale, seht nach meiner Gondel doch,
Ich will denn doch zur Stadt! —

Pasquale.

Gleich soll's geschehen!
(Im Abgeben gegen Camill hingewendet; für sich.)
Es gährt in mir, und wenn mein Anschlag reift,
Denk', Bürschlein, einen Strick ich dir zu drehen,
Den all' dein Witz nicht mehr vom Hals dir streift!
(Im Hintergrunde links ab.)

Sechste Scene.

Vorige ohne Pasquale.

Stella

(Pasquale mit dem Blicke folgend; halblaut).

Wir sind allein!

Camill

(für sich).

Jetzt waffne dich, mein Herz,

Und scheu' nicht gegen sie für sie zu kämpfen!

Stella

(die indessen rasch auf Camill zugeschritten ist).

Camill, aus Allem, was hier vorgegangen,

Entnehmt ihr —

Camill.

Daß es Scherz war, Base, Scherz.

Ein heitres Spiel der Laune, keck, verwegen,

Von mir begonnen, von euch ausgeführt —

Stella.

Was sagt ihr, wie, ist's möglich —

Camill.

Möglich, Base,

Ist Alles, nehmt mein Wort zum Pfand, nur nicht,

Daß, was nur Scherz war, unrecht ich verstände —

Stella.

Nur Scherz, Camill, nur Scherz —

Camill.

Sie zittert — Thränen —

Fahr' Alles hin, und geh' die Welt in Trümmer!
Vergib mir, wenn ich frevelnd dich verletzt,
Im Staube fleh' ich's hier zu deinen Füßen!

Stella
(für sich).

Ich wußt' es wohl, er liebt mich, liebt mich doch!
(Laut.)

Steht auf, Camill! Pasquale kehrt zurück;
Kommt heute Abend, denn ich muß euch sprechen:

Camill.

Ihr wißt nicht, was ihr fordert, doch es sey!

Siebente Scene.

Vorige; Pasquale im Hintergrunde hastig eintretend. Gleich
darauf Fregoso und Adimari.

Pasquale.

Die Gondel ist bereit! Doch eben langen

Die Herrn Fregoso an und Adimari,

Und wünschten sehr —

Stella.

Jetzt sagt ihr — nein — unmöglich —

Sucht einen Vorwand, schickt sie fort —

Pasquale

(während Fregoso und Adimari im Hintergrunde links eintreten).

Sie folgen

Mir auf der Ferse —

Stella.

Ach, da sind sie schon!

Gleichwohl — Ich kann, kann nicht sie jetzt empfangen

Entschuldigt mich, Camill! — Ich bin beschäftigt,

Bin unwohl; morgen, morgen —

(halblaut zu Camill, vertraut.)

Heute Abend!

(Rasch in die Seitenthüre ab.)

Camill

(für sich).

Sie liebt mich — Heute Abend — und das Blatt —

Das Tribunal! — Mir wirbeln die Gedanken!

(Sich verbindlich zu Fregoso und Adimari wendend, die mittlerweile mit Pasqual aus dem Hintergrunde langsam vorgeschritten sind.)

Im Auftrag meiner Base, werthe Herren,

Erlaubt mir —

Fregoso.

Spart uns nochmals anzuhören.

Was eben selbst aus ihrem schönen Mund

Nur allzudeutlich leider wir vernahmen.

Wir kommen ungelegen! Gut, wir wollen

Denn morgen nochmals unser Glück versuchen;

Die Stunde drängt, wir dringen auf Entscheidung.

Und so lebt wohl!

(Will abgehen, hält aber inne, und führt Camill einige Schritte bei
Seite.)

Nur Eins noch im Vertrauen —

Ich weiß, sie schätzt euch — eure Base, mein' ich —

So sagt ihr denn, und legt es ihr an's Herz,

Fregoso sei der letzte seines Stamms,

Der letzte, sagt ihr das, der Einzige,

Es ist kein zweiter mehr zu haben, keiner —

Camill.

Fürwahr, mein Herr —

Fregoso.

Und setzt noch das hinzu,

Es sei ein groß' Geschick, nicht blos die Gattin,

Die Mutter von Fregoso's werden können!

Die Mutter von Fregoso's, sagt ihr das,

Und so lebt wohl! Gedenkt nur der zwei Worte:

Der Einzige, die Mutter von Fregoso's!

(Abgehend.)

Kommt, Adimari, kommt!

Adimari.

Gleich folg' ich nach!

Pasquale

(mit Fregoso im Hintergrund links abgehend).

Erlaubt mir, Herr, euch das Geleit zu geben!

Adimari

(Camill bei der andern Hand fassend und auf die andre Seite
ziehend).

Pisani, auf ein Wort! Was wollt' ich sagen?

Ganz recht! Die Weiber, nun ihr kennt sie ja,

Die Weiber haben mich verwöhnt, verhätschelt;

'S ist Schad' um mich, doch ist's nun einmal so;

Ich bin, gesteh' ich, flüchtig, flatterhaft!

Sagt, bitt' ich, eurer Base denn, ich kehre

Noch diese Woche nach Florenz zurück!

Ich will nicht sagen, wie man dort mich nennt;

Ich prahle nicht, gewiß, ich nicht! — Genug.

Ich kehre, sagt ihr, nach Florenz zurück!

Mehr nichts als das! Setzt allenfalls hinzu,

Im Fluge müſſ' man Schmetterlinge haſchen!

Im Flug, versteht ihr — Sagt das eurer Baſe,

(Schon im Abgehen.)

Im Flug, im Flug! — Habt guten Tag, Piſani!

(Im Hintergrunde links ab.)

Achte Scene.

Camill (allein).

Trug je die Erde solch ein Geckenpaar,

Und Stella duldet sie in ihrer Nähe!

Sie spielt und scherzt, und ahnt nicht, was ihr droht,

Und wie das Tribunal schon seine Klauen

Nach ihr und ihrer Habe gierig streckt!

Und das ertragen wir? Ist denn ein Leben,

Das Willkür und Gewalt in jeder Regung,

Im Drang der Liebe selbst in Fesseln legt,

Auch nur der Mühe werth, es zu bewahren?

Nein, weg damit, ich werf' euch's vor die Füße,

Und biet' euch Trotz, ihr Dunkelwaltenden;

Ich will sie retten oder untergehen! —

Und wenn ich nicht sie rette, wenn an ihr

Der Grimm der Bürger mein Vergehen rächte!

Weh' mir, Verderben bricht, wohin ich schaue,

Verderben über sie und mich herein;

Ein Weg nur bleibt, er muß betreten sein.

Flucht heißt er, rasche Flucht! Daß leicht ihr werd:,

Was unabwendbar das Geschick verhängt,

Gibt's nur ein Mittel, schleunig zu entweichen,

Mich zu verbergen fern in fremdem Land,

Wohin nie forschend ihre Blicke reichen!

Es muß so seyn; bezwinge deinen Schmerz,

Es gilt ihr Wohl! — Schlaf' ein, schlaf' ein, mein Herz!

Neunte Scene.

Camill; Pasquale.

Pasquale

(der während der letzten Worte im Hintergrunde links eingetreten, für sich).

Er ist allein; jetzt wäre die beste Gelegenheit, ihm auf den Zahn zu fühlen, und gibt er mir auch nur einen Schein von Blöße, so soll er zeitlebens an mich denken.

Camill

(Ohne Pasquale zu bemerken).

Wie aber führ' ich's aus! Rasch soll's geschehen

Und ohne Abschied! — Nein, ich will, ich muß,

Muß heute Abend sie noch einmal sehen,

Und dann, dann fort, so weit der Fuß mich trägt!

Pasquale.

Mein edler Herr!

Camill.

Sieh da, Pasqual Beccari!

(Für sich.)

Er könnt' mir schaffen, denk' ich, was ich brauche!

(Laut.)

Ihr kommt zur guten Stunde, hört mich an!

Wenn jemals der Pisani's edles Haus

Sich euch und eurem Stamme hülfreich zeigte,

So leistet jetzt mir einen Dienst dafür,

Und tilgt an einem Tag die Schuld von Jahren!

Pasquale.

Einen Dienst, mein hoher Gönner? (Für sich.) Will

er mir etwa noch ein Liebeslied an meine Frau dictiren?

(Laut.) Und welchen Dienst, mein edler Herr?

Camill.

Mich nöthigt ein geheimer wicht'ger Grund

Venedig zu verlassen, unbemerkt,

Und spurlos zu verschwinden.

Pasquale.

Zu verschwinden, sagt ihr! Ist es möglich — (Für sich.)
Eine Beförderung ist mir nicht so lieb als die Nachricht! —
(Mit einem Kußhändchen.) Schönes Wetter und glückliche Reise!

Camill.

Da nun auf mich so mancher Blick gerichtet,

Wo unbewacht ihr eure Wege geht,

So leiht mir euren Beistand! Wißt ihr, sprecht,

Kein segelfertig Fahrzeug hier im Hafen?

Pasquale.

Allerdings, mein edler Herr! Da ist gleich eine malte-
sische Felucke, die heute Abends nach Ragusa unter Segel
geht! Ich kenne den Schiffspatron, habe ihm vordem
gute Dienste geleistet, und mein Vorwort würde ihn
gewiß bewegen —

Camill.

Mehr braucht es nicht! Ich segle nach Ragusa!

Pasquale.

Nur bleibt zu bedenken, daß in Ragusa, wie ihr
nicht zu wissen scheint, so eben eine kleine Meuterei aus-
gebrochen ist. Man behauptet, sie hätten die Markuslöwen

ins Meer geworfen, und sich unabhängig von der Republik erklärt. Unter diesen Umständen sich ohne Vorwissen
des Tribunals nach Ragusa begeben, wäre daher ein
Schritt, der sehr leicht mißdeutet werden könnte.

Camill.

Was Niemand weiß, kann Niemand übel deuten,
Und ich muß fort, noch diesen Abend fort!
Sprecht, wollt ihr oder nicht auf jenem Schiffe
Aufnahme mir verschaffen? Sagt's heraus!

Pasquale
(für sich).

Wenn nur nicht eine neue Spitzbüberei dahinter
steckt! (Laut.) Eure Wünsche sollen erfüllt werden, mein
hoher Gönner! Noch diese Stunde begebe ich mich auf
das Schiff und bringe Alles in Richtigkeit! — Ihr reiset,
denk' ich, mit geringem Gepäck und allein?

Camill.

Allein; nur meinen Pagen nehm' ich mit!

Pasquale
(für sich).

Pagen!! Hatte er jemals einen Pagen? Und das
Pagenkleid, das im Gemache meiner Frau — Alle Wetter,
wenn sie verkleidet — (Laut, schüchtern und demüthig.) Ihr
habt einen Pagen, mein hoher Gönner?

Camill.

Seit wenig Tagen erst! Ein junges Blut,
Kaum sproßt ihm Flaum noch um die zarten Wangen!

Pasquale
(für sich).

Zarte Wangen — Wenn es wäre, wenn der Bösewicht —

Camill.

Entschlossen erst und wieder nun bedenklich!
Was habt ihr, welche neue Schwierigkeit
Erhebt sich zwischen mir und meinem Wunsche?

Pasquale.

Keine, mein hoher Gönner, durchaus keine; ich
überlege nur, wie ich euch alles am Bequemsten einrichte!
Wann wollt ihr an Bord gehen? Soll euch eure Gondel
an's Schiff bringen, oder wollt ihr, was sicherer wäre,
vom Schiff aus mit einem Nachen abgeholt werden?

Camill.

Das Letzt're scheint mir vorzuziehen! Laßt
Denn heute Abend, wenn die Sonne sank,
Am Hinterpförtchen des Palastes hier
Den Nachen meiner harren —

Pasquale.

Hier —

Camill.

Ja, hier!

Pasquale.

Ihr wollt von hier —

Camill.

Von hier aus zieh' ich hin
Ins öde Meer hinaus, ins öde Leben,
Wohin mich Schicksal, Wind und Wetter führt!
(Er verbirgt das Gesicht in den Händen.)

Pasquale
(für sich).

Es ist entschieden — er will sie mitnehmen. Ich
soll ihm meine eigene Frau entführen helfen! — Hat je
die Sonne einen abgefeimteren Spitzbuben beschienen?

Camill.

Und nun lebt wohl! Besorgt was nöthig ist,
Und gebt mir Nachricht! Eins nur bitt' ich euch,
Gelobt mir, nie den Ort, wohin ich mich
Gewendet, kund zu geben, nie und Niemand,
Selbst meiner Base nicht! Gelobt es mir,
Selbst meiner Base nicht!

Pasquale.

Eure Base soll nichts erfahren, ich schwör' es euch,
mein edler Herr!

Camill.

Genug! Lebt wohl,

Und meinen besten Dank für eure Liebe.

(Er geht links im Hintergrunde ab.)

Zehnte Scene.

Pasquale (allein).

Und meinen wärmsten Haß für deine Niederträchtig-
keit! Daß Weiber berückt, entführt werden, das erlebt
man alle Tage! Aber dieser Bösewicht will noch nebenbei
von dem Bewußtseyn gekitzelt werden, den arglosen be-
trogenen Gatten als Werkzeug zu seinem verruchten Zwecke
mißbraucht zu haben, und das ist satanische Bosheit!
Doch selbst der Teufel hat Hörner, bei denen er zu
fassen ist! Er will ja nach Ragusa, nach dem rebellischen
Ragusa, will sich unbemerkt und verstohlen fortmachen —
Alles nur Zwirnfäden, aber zusammengedreht geben sie
doch einen Strick. Er ist zwar ein Patrizier, und wenn
ich dem Löwen im Dogenpalast bloß Entführung ins
Ohr raune, so wedelt er höchstens vor Vergnügen mit
dem Schwanze, aber werfe ich ihm Einverständniß mit
Ragusa, Hochverrath und Entführung in den Rachen, so

8*

brüllt er auf und faßt und zerreißt ihn, und das soll im
Handumdrehen geschehen seyn! (Er setzt sich an den Tisch
links hin und wirft einige Zeilen auf das Papier; während des
Schreibens.) Freilich wird Marta mit verhaftet, aber der
kleine Schreck kann ihr nur wohlbekommen!

(Nachdem er geschrieben, aufstehend.)

Es ist geschehen! Hochverrath, da steht's!
Ein großes Wort und kann den Kopf ihm kosten!
Den Kopf!

     Mir wird ganz wirr zu Muth!

           Die Klage

Ist falsch; es ist doch Unrecht —

        Pah, ist's Unrecht,

So ist die Schuld Venedigs, nicht die meine!
Wär' ich ein Mann, wie anderswo sie sind,
So schaffte ich mein Recht mir mit dem Schwerte!
Venedig aber schnürt von Kindesbeinen an
In Demuth uns die Seelen, wickelt sie
In Ehrfurcht vor Geburt und Reichthum, hält
Zu einem lebenslangen, ew'gen Bückling
Die Rücken uns gekrümmt; wir sind nicht Männer,
Wir sind nur Knechte, und drum sind wir feig!
Und fände vor Gericht Venedigs Bürger
Auch gegen den Patrizier sein Recht,

So trät' ich hin und klagte frank und frei:
Doch in Venedig gibt's für unser Einen
Verbot nur und Befehle und kein Recht;
Wir müssen's stehlen, wenn wir's haben wollen,
Erschleichen müssen wir's; Angeberei,
Verläumdung, Trug und Lüge sind die Waffen,
Die, wenn auch Recht nicht, Rache doch uns schaffen!

Ist's Unrecht also, was ich hier vollbringe,
Venedigs ist die Schuld; ich fühl' mich rein!
Drum frisch an's Werk, und thöricht Herz, schlaf' ein!

(Während er rasch im Hintergrunde links abgeht, fällt der Vorhang.)

Vierter Akt.

————

Schauplatz wie im vorigen Akte. Abendröthe, dann
Dämmerung; später Nacht.

————

Erste Scene.

Stella

(hält einige Papiere in der Hand, die sie später auf den Tisch
rechts legt).

Nein, thöricht war die Sorge, die ich hegte!

Er liebt mich, liebt mich! Stimme, Blick und Schritt,

Gebärden, Mienen, Worte und Bewegung,

Nur Liebe sprachen Alle, Liebe aus!

Sie sprachen, sag' ich, nein, sie sprachen nicht,

Sie strebten nur vergebens, zu verhehlen,

Was mächtiger als alle Absicht war;

Das Herz befiehlt und läßt sich nicht befehlen!

    Woher jedoch dies ängstliche Bestreben,

Vor mir zu bergen seines Herzens Wahl,

Die doch vorhin das Lied mir kundgegeben?
Wozu der Winkelzüge Angst und Qual,
Statt dreist der Wahrheit Fahne zu erheben?
Ich sinne nach und finde nicht den Grund!
Besorgt er Gegenliebe nicht zu finden?
Ich gab das Gegentheil ihm, denk' ich, kund,
Und sah er's nicht, so zählt er zu den Blinden!
Ist's seine Armuth, die zurück ihn hält,
Sich mir, der Ueberreichen, zu verbinden,
Die Furcht, mißgünstig werde mir die Welt
Als Eigennuz verdächt'gen sein Empfinden? —
Dagegen läßt sich wohl ein Mittel finden,
Und dann — dann hefte niemehr sich mein Blick
Auf Erdenstaub und eitles Weltgetriebe;
Dann, Herz, tauch' nieder in den Born der Liebe,
Und denk' und fühl' und athme nur dein Glück!
Was säumt er nur? — Schon flieht der Sonne Schein,
Er sollte längst — Horch, Schritte — Ist er's — nein!

Zweite Scene.

Stella; Marta.

Stella

(zu Marta, die aus dem Seitengemache rechts eintritt und langsam in den Vordergrund der Bühne vorschreitet).

Du bist es, Marta —

Marta.

Ja, ich bin's, Madonna!

Stella.

Ich sah dich nicht seit du zur Stadt gefahren;
Du bliebst sehr lange —

Marta.

Ich hätte vielleicht noch länger bleiben, niemals zu euch zurückkehren sollen!

Stella.

Was sagst du, Marta — Niemals? hör' ich recht —

Marta.

Aber wir sind an einer Mutterbrust gelegen, sind als Schwestern neben einander aufgewachsen, und wie sehr mein Herz auch gekränkt wurde, ich bin sanft, nur zu sanft, zu nachsichtig, zu milde.

Stella.

Du siehst so blaß aus, so verwirrt; du sprichst
So ernst, so feierlich; ich fürcht' beinahe —

Marta.

Ja es kommt eine Stunde, wo die Schuld in ihrer
stolzen Sicherheit sich unsicher fühlt, wo sie ihre Zeit ab-
gelaufen, und den Tag des Gerichtes gekommen sieht! —
Ihr fürchtet, Madonna, und habt Ursache zu fürchten!
(Hart vor Stella hintretend.) Alles ist entdeckt!

Stella.

Entdeckt? —

(Für sich.)
Mein Gott, was meint sie nur?

Marta.

Aber ich bin sanft! ich will nicht den Tod des Sün-
ders, ich will, daß er lebe und sich bessere! — Die Rächer
nahen! Flieht, da es noch Zeit ist, flieht!

Stella
(für sich).

Verrückt! Kein Zweifel mehr, sie ist verrückt!

Marta
(stolz auf und niedergehend; für sich).

Da steht sie, vernichtet vom Bewußtseyn ihrer Schuld
und meiner Großmuth!

Stella
(schüchtern näher tretend).

Du bist so aufgeregt; wie wär' es, Marta,

Wenn du vielleicht ein niederschlagend Pulver —

Marta.

Unglückselige, so gedenkt ihr meine Warnung zu ver-
gelten! Vergiften — nein, ihr vergiftet Keinen mehr!
Vernichtet euer Zaubergeräthe, schafft bei Seite, was
Zeugniß gegen euch ablegen könnte! — Die Rächer nahen,
flieht!

Stella
(für sich).

Sie spricht im Fieber; ihre Sinne schwärmen!
(Laut.)

Du scheinst mir krank; ich sende nach Pasqual,

Wie oder sehnst du dich nach einem Arzte?

Marta.

Ist es möglich? Ihr behandelt mich wie eine Schlaf-
wandlerin, wie eine Fieberkranke! Ihr wähnt euch sicher,
ihr verschmäht meine Warnung! — Fahrt denn hin, Madonna! Verblendung, seh' ich, hält die Schuld umfangen,
und selbst Engel warnen sie vergebens!

(Sie geht langsam in die Flügelthüre rechts ab.)

Dritte Scene.

Stella
(Ihr eine Weile sprachlos nachstaunend).

Wenn dies nicht Wahnsinn ist, beim ew'gen Gott,
So ras' ich selbst, und seh' bei Tag Gespenster!
Wie, oder wär's vielleicht nur eine List,
Pasqual, mit dem sie hadert, zu erschrecken,
Und spiegelt sie Wahnsinn aus Liebe nur
Geschickt uns vor, ihn zu Vernunft zu bringen?
So ist es, hoff' ich — Still, was war das? Horch,
Die Welle rauscht, es legt die Gondel an,
Ein rascher, leichter Schritt dringt nah und näher —
Frohlocke, Herz! Er ist's, der theure Mann,
Er ist's —

Vierte Scene.

Stella; Camill.

Stella
(Camill, der im Hintergrunde links auftritt, entgegentretend).

Willkommen, Vetter, seyd willkommen! —
Wie, schweigt ihr? Seyd ihr übler Laune wieder?
Gebt Antwort doch, ich sagte euch: Willkommen!

Camill.

Wohl Freude ist beredt, doch stumm ist Trauer;
Sie haßt die bittern Worte, die ein Gott
Ihr auf die Lippen legt; sie zagt und zögert
Das eigne Todesurtheil auszusprechen,
Und lieber schweigt sie, wenn die Wahl ihr bleibt,
Als rasch und rauh mit einem Lebewohl
Ein freundliches Willkommen zu erwiedern.

Stella.

Was sagt ihr — wie, mit einem Lebewohl —

Camill.

So ist's! Geschäfte rufen heute noch
Von hier mich fort in weite dunkle Ferne!
Ich werd' euch lang nicht, lang nicht wiedersehen;
Ich komme um zu scheiden!

Stella.

Um zu scheiden?

Camill.

Das herbe Wort ist ausgesprochen, Stella,
Und ohne Aufschub will's vollzogen seyn;
Der Nachen harrt mich fortzutragen —

Stella.

Halt!

Ich hab' mit euch zu sprechen, wie ihr wißt,

Ihr sollt mir rathen —

(Mehrere Papiere vom Tische rechts nehmend und ihm hinreichend.)

Nehmt und les't!

Camill

(nachdem er die Blätter durchlaufen).

All' eure Güter, Schlösser, Ländereien.

Seh' hier ich aufgezeichnet! Ihr seid reich;

Wer weiß das nicht! — Was aber soll dies Blatt

In meinen Händen; ich bin unerfahren

In solchen Dingen; auch ist jetzt so kurz

Die Zeit mir zugemessen —

Stella.

Nicht so kurz,

In aller Kürze nicht den einen Rath

Mir zu ertheilen, wie ich denn mich wohl

Am Kürzesten all' dieser reichen Güter

Entled'gen könnte.

Camill.

Wie, entledigen?

Verkaufen, meint ihr, und zu welchem Zweck?

Stella.

Ein reich'res Gut, mein Freund, mir zu erringen!

Camill.

Ein fürstliches Besitzthum müßt' es sein,

Für solche Güter euch Ersatz zu bringen!

Stella.

Ein fürstliches Besitzthum? Wie man's nimmt;

Die Neigung ist's, die hier den Werth bestimmt!

Camill.

So meint ihr bei dem Handel zu gewinnen?

Stella.

Gewinnen? Handel? —

(Für sich.)

Er begreift so schwer!

(Laut; anfangs zögernd, später immer wärmer.)

Und wie,

Wenn meinem Reichthum darum ich entsagte,

Damit ein Herz, das mir der Reichthum nahm,

Das Stolz verblendet, Stolz und falsche Scham,

Vielleicht der Armen zu gestehen wagte,

Was schweigend nur der Reichen es gezollt —

Camill.

Ist's wahr, ist's möglich —

Stella.

Wenn mein schnödes Gold

Ins Meer ich streute, um geliebt zu seyn,

Wenn ich verarmte, um den Edelstein,

Der Alle überstrahlt, mir zu erwerben,

Ein Herz, geliebt und liebend bis zum Sterben.

Ein edles Herz, treu, innig wahr und rein,
Dein Herz, Camill —

Camill
(zu ihren Füßen niedersinkend).

O es war immer dein!

Stella
(zu ihm niedergebeugt).

Mein, ist es wirklich mein? Ist mir's gelungen,
Bezwang ich endlich dir den starren Sinn,
Vergißt du, daß ich reich geboren bin —

Camill
(sie umschlingend).

Arm oder reich! Von deinem Arm umschlungen,
Vor Wonne trunken, liebend und geliebt,
Was kümmert's mich, der das Juwel errungen,
Ob Gold ihm, oder Blei die Fassung gibt!

Stella.

Arm oder reich! Nur Eins mit dir, Camill,
Im Leben und im Tod noch dir verbunden,
Und keine Trennung und kein Scheiden mehr!

Camill
(sich aus ihren Armen reißend).

Kein Scheiden sagst du — Unglückselige!
Ich kam nur, um zu scheiden —

Stella

(ihn zurückhaltend).

Wie, du könntest —

Camill.

Was hältst du mich? Mein Leben wollt' ich wagen,

Doch deines, deines zög' ich mit hinab!

Wir müssen scheiden — Ein Verbot

Führt zwingend mich von hinnen —

Stella.

Ein Verbot?

Und wer — wer dürfte dir verbieten —

Camill.

Ragen

Nicht dort San Marco's Kuppeln, sind wir hier

Nicht in Venedig —

Stella.

Wie, das Tribunal?

Camill.

Dämpf' deiner Stimme Klang! Vor wenig Tagen

Beruft mich's insgeheim, und mir eröffnend

Du liebtest mich, verbietet mir's zugleich —

Weil einem Andern wohl sie deine Hand,

Das heißt dein reiches Erbe zugeschlagen —

Verbietet mir mit streng gemessnem Wort

Auch nur von ferne deiner Leidenschaft
Gehör zu schenken —

Stella.

Meiner Leidenschaft?

Camill.

Mir aber, der verwirrt, betrübt, entzückt
Erfüllt sieht, was der Jüngling sehnend träumte,
Mir reift nur jenes drohende Verbot
Den alten Wunsch zum glühenden Begehren —

Stella.

Und jenes Lied —

Camill.

Dich warnen sollt' es, nicht
Vertrauen an Verräther zu verschwenden,
Unwürd'gen nicht dein Herz zu öffnen —

Stella
(erst mit unterdrücktem, später mit lautem herzlichen Lachen).

Wie,
So war mit jenem Stern in deinem Liede
Nicht ich gemeint, du selber warst der Stern,
Der unerreichbar ferne Stern — und ich —
Die auf den Stern so viel sich eingebildet,
Ich war der Stern nicht — nur das trotz'ge Kind?

Camill.

Ist's möglich — wie du kannst in dieser Stunde —

Stella
(noch immer lachend).

Du warst der Stern — und ich das trotz'ge Kind -

Camill
(gereizt).

Unfähig eure Heiterkeit zu theilen,
Erlaubt mir auch ihr Zeuge nicht zu seyn!

Stella
(ihm in den Weg tretend).

Du sollst nicht — Bleib' und richte nicht zu schnell!
Ein Doppelantlitz, wisse, trägt das Leben,
Und wem der Blick für Heitres nicht gegeben,
Sieht selten auch das Ernste klar und hell!
Wir lieben uns; wie seltsam dies gekommen,
Was allen Ernst erst plötzlich mir genommen,
Davon ein ander Mal — Jetzt gilt es, Freund,
Vor Allem, was da werden soll, erwägen —

Camill.

Was werden soll? — Wohin ich schaue, starrt
Unmöglichkeit mir wie ein Fels entgegen,
Und fruchtlos klimmt an seinen schroffen Wänden
Der Blick empor, und findet keinen Pfad!

Stella.

Der Fehler ist, du siehst's von Unten an;
Hoch aus den Lüften, wie der Vogel zwitschernd
Herabschaut auf der Erde Dampf und Qualm,
Von Oben mußt du's schauen frisch und heiter,
Von Oben her reicht Geist und Auge weiter!

Camill.

Du hoffst, du könntest hoffen —

Stella.

Hör' mich an!
Das Tribunal verbeut, daß wir uns lieben,
Die Frag' ist nun: Gehorchen oder nicht?
Wenn wir nun nicht gehorchten, wenn wir flöhen,
Noch diese Stunde rasch entschlossen flöhen? —
Dein Nachen liegt bereit uns fortzutragen,
Ein segelfertig Fahrzeug nimmt uns auf!
Wenn wir entkämen, wenn's gelänge —

Camill.

Nein,
Und wieder nein! — Du kennst die Finstern nicht,
Die höh're Lust nicht kennen, als zu brechen,
Was ihnen widerstrebt, als zu ergreifen,
Was fliehend ihrem Arm entrinnen will!

9*

Stella.

Wohlan, und wenn sie uns ergriffen, sprich,
Was kann das Schlimmste seyn, das uns begegnet?

Camill.

Du fragst noch — Kerker, Folterqualen, Tod
Für dich und mich!

Stella.

   Und wenn wir nun gehorchten,
Wenn wir uns trennten, Freund, was dann, wohin
Dann würdest du dich wenden, was ergreifen?

Camill.

In weite Ferne flieh' ich, nicht zu schauen,
Was nicht zu ändern; wie der wunde Hirsch
Ins Waldesdickicht tief verberg' ich mich,
Einsam der Sehnsucht Foltertod zu sterben!

Stella.

Und meinst du denn, ich würd' es überleben,
Getrennt von dir nicht auch in Gram vergehen?
Wenn nicht gehorchend denn wahrscheinlich nur,
Wenn wir gehorchen aber unvermeidlich
Dasselbe schlimmste Schicksal unser harrt,
Wär' dies nicht Grund genug, um kühn zu wagen,
Was uns den Himmel öffnet, wenn's gelingt,
Und auch nur tödtet, wenn es fehlgeschlagen!

Camill.

Beim ew'gen Gott, auch mir erscheint es so!
Ist's Traum, ist's Wahrheit? Das Verworrne klar,
Ein Weg gebahnt, wo erst nur Felswand war,
Wie ungleich auch der Kampf, der Sieg doch möglich!
Ich fühl' mich neugeboren — Frühlingsathem
Belebend haucht dein Wort mir in die Seele;
Groll regt sich, Unmuth, Scham, der Muth erwacht,
Und wie mein Zweifel flieht vor deinen Gründen,
Drängt Hoffnung vorwärts zur entschloss'nen That!
Warum auch zögern noch — der Nachen harrt,
Der Abend dämmert und die Stunden eilen!
Komm, laß uns fliehen —

Stella.

         Halt! Ich nannte, Freund,
Dir Gründe, deren Macht dich überzeugte,
Nun brauchts noch einen, m i ch zu überzeugen,
Und diesen letzten Grund, der schwerer wiegt
Als alle andern, d e n mußt du mir nennen,
Wenn Bürgschaft mir für meine Zukunft werden,
Wenn ich dir folgen, dir vertrauen soll!

Camill.

Noch einen Grund?

Stella.

Du schweigst, Camill?

Mir bangt vor diesem Schweigen! — Rede, sprich!
Wenn noch ein Funke jenes heil'gen Feuers,
Dein Herz durchglüht, mit dem so oft für mich
Du meines Vaters raschem wildem Zorne,
Obgleich ein Knabe noch, entgegentratest,
Weil ich im Recht, und er im Unrecht war;
Wenn nicht im Lauf der Jahre und der Dinge
Der edle Venetianer ganz und gar
Den Menschen und den Mann in dir verschlungen,
Wenn deine freie Stirn', dein helles Auge
Nicht Trug und Lüge sind, Camill, wenn du
Der Mann bist, den ich träumte, den ich liebe,
So nenne mir den einen letzten Grund!

Camill.

Und wenn ich dir nun sagte, was mein Herz
So manche bange Nacht in stillem Grimm,
In finstrem Groll mir mahnend zugeflüstert,
Wenn ich dir sagte: Komm, wir müssen fliehen,
Weil kein Befehl uns Liebe je gewähren,
Und drum auch kein Verbot sie wehren kann;
Weil wir im Recht und sie im Unrecht sind,
Und weil nur Feige willig Unrecht tragen;

Weil wir nicht Sklaven, weil wir frei geboren,
Nicht Venetianer blos, auch Menschen sind;
Wenn ich dir sagte: Komm, wir müssen fliehen,
Weil's Pflicht ist, Pflicht, der blinden Macht zu zeigen.
Daß Alle nicht geduldig Alles tragen,
Noch Willkür Allen Alles bieten darf;
Wir müssen fliehen. weil dich zu besitzen,
Der Mann nur werth ist, der durch kühne That
Dich zu erringen wagt und zu beschützen,
Wär' dies vielleicht der eine letzte Grund,
Und willst du jetzt mir folgen und vertrauen?

Stella.

Camill, nun darf ich's, denn du bist ein Mann!
Hier bin ich, nimm mich hin für's ganze Leben;
Ob Fluch ob Segen dieser Tag uns bringt.
Wenn nur im Glück mich deine Arm' umweben,
Wenn nur im Sturz ein Abgrund uns verschlingt!
Und nun hinweg, eh' Späher uns erwachen;
Kein Ueberlegen und kein Säumen mehr!
Ich eile reisefertig mich zu machen —

Camill.

Und ich, Geliebte, seh' nach meinem Nachen.

Stella.

Auch mit Juwelen will' ich mich versehen!

Camill.

Soll doppelt arm ich dir zur Seite stehen?

Stella.

Was sind Juwelen gegen einen Stern,

Und ständ' er fern auch, unerreichbar fern!

Camill.

Verhöhnst du mich und neckst und spottest wieder?

Stella.

Was unterfängt sich nicht ein trotzig' Kind?

Doch fort nun, fort! Hier treffen wir uns wieder!

Camill.

Ich geb' dir's heim, wenn erst zu Schiff wir sind!

(Camill eilt im Hintergrunde links, Stella in die Flügelthür
links ab.)

Fünfte Scene.

(Die Dämmerung hat sich mittlerweile vollständig in Nacht verwandelt. Nachdem die Bühne einige Augenblicke leer geblieben, treten im Hintergrunde rechts **Meßer grande** und **Zanetto** in Begleitung von sechs Sbirren auf, von denen zwei mit verschloßenen Blendlaternen versehen sind. Meßer grande und Zanetto tragen weiße Stäbe in den Händen, und sind wie alle Uebrigen in schwarze Mäntel gehüllt.)

Meßer grande

(nachdem er mit den Uebrigen geräuschlos in den Vordergrund getreten; zu Zanetto).

Habt ihr meine Befehle pünktlich vollzogen, sind alle Ausgänge des Hauses wohl verwahrt, ist der Dienerschaft eingeschärft worden, bis auf weiteres ihre Gemächer nicht zu verlaßen?

Zanetto.

Alles in Ordnung, Meßer grande!

Meßer grande.

·Laßt euch denn noch einmal die Wichtigkeit unserer heutigen Aufgabe an's Herz legen! Wir haben vier Verhaftungen in diesem Hause vorzunehmen, und zwar wegen Hochverrath und Zauberei! Verdoppelt demnach eure Wachsamkeit, und paßt auf wie niemals! Die Namen der Angeklagten wißt ihr —

Zanetto.

Auf den Fingern kann ich sie herzählen, Meßer grande!

Meßer grande.

Gut, so laßt uns denn an's Werk gehen! Ihr, Zanetto, durchsucht hier die Gemächer rechts, ich will jene links vornehmen; beim Hausthore treffen wir zusammen! Noch einmal thut eure Schuldigkeit, Bursche!

Zanetto.

Sorgt nicht, Meßer grande, mir soll nicht Feder noch Klaue entgehen! An's Werk denn, vorwärts!

(Er geht mit drei Sbirren durch die Flügelthür links ab.)

Meßer grande.

Ihr andern aber folgt mir — Still, waren das nicht Schritte? — Sie kommen näher — Drückt euch hier sachte in die Ecke und paßt auf!

(Er zieht sich mit den Sbirren in die hintere Ecke der Bühne links zurück.)

Sechste Scene.

Meßer grande. Camill. Später Stella.

Camill

(tritt hastig im Hintergrund der Bühne links auf und stürzt an den
Sbirren vorbei in den Vordergrund der Bühne).

Das Pförtchen ist verrammelt! Thür und Thor

Verschlossen, Grabesstille rings umher,

Wir sind verrathen, fürcht' ich —

(Er schreitet auf die Flügelthüre links zu.)

Meßer grande

(ihm entgegentretend.)

Halt!

Ergebt 'euch, edler Herr, ihr seyd gefangen'

Camill

(ziehend).

Gefangen? Wer wagt Hand an mich zu legen?

Meßer grande.

Camill Pisani, euer Schwert! Im Namen

Des hohen Tribunals verhaft' ich euch

Um Hochverrath und um Entführung!

Camill

(das Schwert sinken lassend)

Entführung! Sind sie denn, wie Gott, allwissend?

Stella

(aus der Flügelthüre links tretend).

Was geht hier vor? — Weh mir, was muß ich sehen?

(rasch vortretend, während sich zwei Sbirren Camills versichern.)

Verwegene, bei meinem Zorn zurück!

Was wagt ihr, meinen Vetter anzufallen

Hier unter meinen Augen? Seht euch vor,

Ihr seyd im Hause Stella's Vendramin!

Meßer grande.

Madonna, seyd ihr Stella Vendramin,

So folgt mir, denn mir ward vom Tribunal

Befehl um Zauberei euch zu verhaften.

Stella.

Auch mich? mit ihm? — Dann thut, was eures Amtes,

(Zu Camill tretend und ihn umschlingend.)

Dann theil' ich dein Geschick ja, dann ist's gut!

Camill.

Mich mochte rächend ihre Wuth verderben,

Du aber, Reine, was hast du gethan?

Meßer grande.

Beliebt euch aufzubrechen —

Stella.

Meßer grande!

Gewährt uns eine Gunst nur, wenn ihr könnt;

Laßt Hand in Hand den letzten Weg uns gehen,

Gönnt einen Kerker, und ein Grab uns Beiden!

Meßer grande.

Darüber wird das Tribunal entscheiden;

Und nun genug der Worte, bringt sie fort!

(Während Camill und Stella, die sich fest umschlungen halten, im Hintergrunde rechts von den Sbirren abgeführt werden.)

Das eine Pärchen wär' ins Garn gegangen,

Was sonst im Neste nimmt Zanetto aus!

(Er geht ebenfalls im Hintergrunde rechts ab.)

Siebente Scene.

Die Bühne, die wieder ganz dunkel geworden, bleibt einige Augenblicke leer, dann öffnet sich leise die Seitenthür links, aber so, daß Pasquale, der dahinter steht und vorsichtig hervorblickt, nur dem Publikum sichtbar wird.

Pasquale.

Es ist still geworden! Der saubere Herr Pisani ist in Sicherheit gebracht, dessen wäre ich gewiß, mich wundert nur, daß der verkleidete Page nicht in Ohnmacht fiel, oder doch mindestens in ein unerhörtes Jammergeschrei ausbrach!

Marta

(leise die Seitenthüre rechts öffnend, aber ebenfalls so, daß sie vorsichtig herausblickend, nur dem Publikum sichtbar wird).

Es ist geschehen! Die Fassung, mit der Stella sich in ihr Schicksal ergab, war staunenswerth, daß aber das Hasenherz Pasquale auch nur einen Augenblick an Widerstand denken konnte, das ging nicht mit natürlichen Dingen zu, und ist nur ein Beweis mehr für ihre Schuld!

Pasquale

(wie oben).

Ich möchte doch gern nähere Nachrichten einziehen! Ob ich mich heraus wage? Und warum nicht? (Aus der Seitenthüre links tretend.) Was hätte ich auch zu besorgen!

Marta

(wie oben).

Was regt sich da? — Welcher Schatten schwebt gespensterhaft durch den Saal? Es kommt näher, immer näher — Ach du mein Herr Gott!

(Sie schlägt die Thüre zu.)

Pasquale

(zusammenfahrend).

Ein Seufzer? Ein Stöhnen? — Was war das? —

Achte Scene.

Voriger; Zanetto mit den Sbirren; später Maria.

Pasquale
(nach einer Pause, während welcher Zanetto und die Sbirren aus
der Flügelthür rechts geräuschlos eintreten).

Wenn die arme Marta doch nicht so schuldig gewesen
wäre, als ich glaubte, wenn sie sich aus Verzweiflung
ein Leid angethan hätte und es mir auf diese Weise an-
zeigte — Meine Haare sträuben sich — Fort aus diesem
Aufenthalte des Schreckens!

Zanetto
(dem Forteilenden entgegentretend).

Halt da, wer seyd ihr, steht uns Rede!

Pasquale
(zurücktaumelnd).

Ach du mein grundgütiger Gott, was werde ich seyn,
als ein armer sündiger Mensch!

Marta
(wie früher die Seitenthür rechts öffnend).

Das ist die Stimme Pasquals, er ist also nicht verhaftet!

Zanetto
(während einer der Sbirren die Blendlaterne öffnet).

Eure Züge sind mir bekannt! Ihr seyd der Hafencommissär zu Capodistria, Pasqual Beccari! Gewiß, ihr seyd es!

Pasquale
(verbindlich).

Ich erlaube mir gehorsamst derselben Meinung beizupflichten.

Zanetto.

Wohlan denn, Pasqual Beccari, so verhaft' ich euch im Namen des hohen Tribunals wegen Bezauberung!

Pasqual.

Mich verhaften — Im Namen des Tribunals, das ist ein Irrthum! Ich stehe sehr gut mit dem Tribunal, bei meiner Ehre sehr gut, und wegen Zauberei — Sehe ich aus wie ein Hexenmeister, habe ich jemals in meinem Leben unternommen, wozu Hexerei gehörte? — Es ist ein Irrthum!

Marta
(aus der Seitenthüre rechts heraustretend).

Es ist kein Irrthum! Theurer Gatte, unterwirf dich der heilsamen Buße, die das Tribunal über dich verhängt, denn nur auf diese Weise entrinnst du der Macht des Zaubers, der deine Seele bestrickt!

Pasquale.

Wie, ist es möglich — Marta, nicht als Page verkleidet — nicht verhaftet?

Marta
(zu Zanetto).

Ihr seht, seine Sinne schwärmen! Thut was eures Amtes, verhaftet ihn!

Pasquale.

Verhaften — O Dalila, die ihren Samson den Philistern ausliefert! (Zu den beiden Sbirren, die sich auf Zanetto's Wink seiner versichert haben.) Laßt mich los, daß ich sie erwürge! Mich verhaften, und du solltest leer ausgehen! Nein, du mußt auch dran glauben! Verhaftet diese Unwürdige! Es muß ein Verhaftsbefehl gegen Marta Beccari bestehen, ich selbst habe ihn erwirkt. Verhaftet sie, ihr müßt sie verhaften!

Zanetto.

Spricht er wahr? Seyd ihr Marta Beccari?

Marta.

Allerdings, mein Herr, ich bin die Gattin jenes Unglücklichen!

Zanetto.

Wohlan denn, Marta Beccari; so verhaft' ich euch im Namen des Tribunals wegen böslicher Entweichung von euerem Gatten!

Pasquale.

Wohl bekomm' es, Madame! Mitgefangen, mitgehangen! Jetzt bin ich befriedigt, jetzt ist's gut!

Marta
(zu Zanetto).

Ist's wahr? Ist's möglich? Ihr scherzt oder ihr irrt euch, mein Herr! Ihr müßt euch irren!

Pasquale
(höhnisch).

Nein, es ist kein Irrthum! Theure Gattin, unterwirf dich der heilsamen Buße, die das Tribunal über dich verhängt!

Marta.

Verruchter Bösewicht, war dir's nicht genug meine Ruhe gemordet zu haben, willst du mich auch meines Rufes und meiner Freiheit berauben?

Pasquale.

Ihr seht, ihre Sinne schwärmen! Thut was eures Amtes, verhaftet sie!

Marta.

O daß ich ein Riese wäre, und Donnerkeile in den Händen führte!

Zanetto.

Genug der Worte! Laßt euch belieben aufzubrechen!

Pasquale.

Madame, darf ich ihnen meinen Arm anbieten?

Marta.

Ungeheuer, hinweg! — Grausames Schicksal, ich gehe, aber ich bin unschuldig.

Pasquale.

Gerechtes Schicksal! Ich gehe, aber sie muß mit!

Zanetto.

Fort mit ihnen, bringt sie fort!

(Während sich alle zum Abgehen wenden, fällt rasch der Vorhang.)

Fünfter Akt.

Schauplatz wie im ersten Akte.

Erste Scene.

Leonardo Dolfin, Geronimo Benier und **Andrea Morosini** sitzen an dem in der Mitte der Bühne befindlichen runden Tisch, **Antonio Tentori** an seinem Tisch im Vordergrund der Bühne rechts. Lichter auf den Tischen.

Morosini.

Es gilt Venedig! Sagt nicht: Nein, Benier!

Dolfin.

Es drängt die Noth! Ihr dürft es nicht verweigern.

Benier.

Bedenkt nur, was ihr fordert, edle Herren!

Ragusa ist in Aufstand und Corfu

Zeigt Neigung diesem Beispiel nachzufolgen;

Der Türke, wie er uns schon Negroponte

Und Candien nahm, ist auf Morea jetzt
Im Anzug, und ich soll mit schwacher Flotte,
In Eile nur nothdürftig ausgerüstet,
Und neugeworbnes, kriegsunkund'ges Volk
An Bord, ich soll dem Capudan Pascha
In seinem Siegeslauf entgegentreten?

Morosini.

Der Staat ist in Gefahr; wer soll ihn retten
Als eben ihr der Einz'ge, der's vermag?

Dolfin.

Der tücht'ge Feldherr ist allein ein Heer,
Und was ihr seyd, bewiesen eure Thaten!

Venier.

Wohlan, versuchen läßt am End' sich Alles;
Und kann ich gleich nicht bürgen für's Gelingen,
Eins kann ich dennoch, freudig kann ich Blut
Und Leben an die gute Sache wagen,
Und das — das will ich, und so nehm' ich's an!

Morosini.

Ich wußt' es wohl, ihr konntet's nicht verweigern!

Dolfin.

Geht hin, Venier, und kehrt als Sieger heim!

Venier.

Es könnte seyn, ich kehrte gar nicht wieder;

Doch das gilt gleich! Ihr tragt die Sache morgen

Dem großen Rathe vor und stimmt er bei,

So geh' ich noch vor Abend unter Segel;

Der Rest sey Gott empfohlen! Ihr indeß

(Dreimaliges Pochen außer der Bühne links; Antonio fährt ängstlich zusammen.)

Vergönnt mir, bitt' ich, schon von heute an

Enthoben mich zu achten meines Dienstes

Als Mitglied dieses hohen Tribunals;

Denn ehrlich euch zu sagen —

Morosini.

Ser Antonio,

Seht, was es gibt!

Antonio.

Demüthig dienstergebenst

Allerunterthänigst schleunigst zu Befehl!

(Im Abgehen; für sich.)

Gewiß ist's Meßer grande, der sich meldet!

O unglücksel'ges Jugendfest! Wenn nicht

Die Angeklagten Zeit zur Flucht gewannen,

Wenn er sie stellt, so muß an's Tageslicht

Mein Irrthum kommen, und ich bin verloren!

(Durch die Seitenthüre links ab.)

Venier.

Mit einem Wort, ihr Herren, dieses Amt

War nie für mich, noch ich je für dies Amt!
Mir ekelt vor dem leid'gen Horchgeschäft,
Vor diesem Schnuppern, Wittern und Belauern,
Mir engt's die Brust ein dieses Heimlichthun,
Dies Allmacht Häucheln und Allgegenwart,
Dies lächerliche Vice-Herrgottspielen;
Mich kränkt's Venedig wie ein Kind gegängelt,
Mit eitlem Ammenspuk genarrt zu sehen,
Mich kränkt es, und wohin auch soll es führen?
Denn bleibt das Volk das Kind, zu dem ihr's macht,
Was wird zuletzt mit einem Volk von Kindern,
Und reist's zum Mann, wie wollt ihr Antwort geben,
Wenn's Rechnung fordert für verlorne Zeit,
Verlorne Kraft und ungescheh'ne Thaten!

Dolfin.

Wie, Rechnung fordern, sagt ihr, Antwort geben!
Euch steckt noch euer England stets im Sinn!

Morosini.

Was sprecht ihr nur, Venier! Ihr schmäht Venedig
Und wagt doch Blut und Leben für sein Heil!

Venier.

Das eben ist's, das macht das Herz mir schwer,
Daß wir für's Vaterland nicht leben dürfen,
Nur sterben, wenn es Noth thut, und nicht mehr!

Zweite Scene.

Vorige mit Antonio.

Antonio

(aus der Seitenthüre links ganz verstört eintretend; äußerst kleinlaut).

Hochweise, gnädige Herren — (Sich den Angstschweiß abtrocknend; für sich.) Die Angst schnürt mir die Kehle zu! Er bringt sie — Alle bringt er sie — Es ist mein Letztes —

Venier.

Ei, Ser Antonio ihr seht so bleich, als hättet ihr draußen Gespenster begegnet — Was habt ihr —

Antonio.

Nichts, gar nichts, gnädigster Herr — Ein Bischen Schwindel, oder vielmehr nur die Folgen eines Schwindelanfalls — (Für sich.) Unseliges Jugendfest!

Morosini.

Und was gab es draußen? Redet, was bedeutet uns jenes Pochen?

Antonio.

Messer grande kam zu melden, er habe die Verhaftungen vollzogen, zu deren Vornahme ihn das Tribunal mit diesem hohen Erlasse beauftragt.

(Er reicht Morosini ein Papier hin.)

Morosini.

Verhaftungen? — Ist's möglich, seh' ich recht? Camill Pisani, Stella Vendramin, die Eheleute Beccari —

Dolfin.

Wie, die beiden Paare, von denen erst unlängst hier die Rede war, deren eines den Befehl erhielt, in nähere Verbindung zu treten, während dem andern verboten wurde, sich seiner Zärtlichkeit allzu rücksichtslos hinzugeben —

Antonio
(für sich).

Ja, ja — Verbot und Befehl, das war eben mein Unglück —

Morosini.

Und ihr ließet sie verhaften, Stella Vendramin, Camill Pisani verhaften?

Venier.

Lest hier die Anzeigen, die sich heute in unsern Löwenrachen fanden, und sagt mir, wie ich es hätte vermeiden können!
(Er übergibt sowohl Dolfin als Morosini ein Blatt Papier.)

Dolfin
(lesend).

Wie — ist's möglich — Stella Vendramin wird

angeklagt, durch Zauberkünste und Liebestränke sich der Neigung Pasqual Beccari's versichert zu haben —

Morosini

(ebenfalls lesend, während außer der Bühne links verworrenes Geräusch von Stimmen und heftiger Wortwechsel, aber noch ganz entfernt, hörbar wird).

Camill Pisani — Hochverrath — Einverständniß mit Ragusa — Entführung der Marta Beccari — Unmöglich, ganz und gar unmöglich — Aber horch, welch' seltsames Geräusch da draußen?

Dolfin.

Ein verworrenes Gebrause von Stimmen, Drohungen, Wehklagen, Verwünschungen —

Venier.

Auch Frauenstimmen werden hörbar — Wahrscheinlich ein Wortwechsel der Verhafteten mit Meßer grande!

Morosini.

Seht, was vorgeht, Antonio, und gebietet Stillschweigen, im Namen des Tribunals Stillschweigen!

Antonio.

Pflichtschuldigst zu Befehl! — (Im Abgehen; für sich.) Stillschweigen gebieten! — O ich möchte sie knebeln lassen, wenn es nur anginge!

(Durch die Seitenthür links ab.)

Benier.

Nun, könnt ihr mir Unrecht geben? Mußte ich sie nicht verhaften lassen?

Morosini.

Ihr thatet, wie ihr mußtet, aber die Anklagen sind grundlos! — Zuverläßigen Beobachtungen zu Folge gehorcht Pisani gewissenhaft den Befehlen des Tribunals, bewirbt sich eben so eifrig als erfolgreich um die Gunst Stella's Vendramin und denkt weder an Marta Beccari noch an Ragusa — Seine Feinde sind es, die ihn aus Eifersucht und Mißgunst mit Verläumdungen verfolgen, aber das Tribunal weiß Alles!

Dritte Scene.

Vorige; Antonio

(aus der Seitenthüre links eintretend, während das früher entfernte Geräusch eines heftigen Wortwechsels immer näher dringt).

Antonio.

Großmächtigste, hochweise —

Morosini.

Ohne Umschweife! Was bringt ihr, faßt euch kurz!

Antonio.

Die Verhafteten, im Vorgemach zusammentreffend, haben sich untereinander verständigt; die Eheleute Beccari, auf deren Anzeigen hin die Verhaftungen im Palaste Bendramin Statt fanden —

Dolfin.

Wie, was sagt ihr, Marta Beccari, Stella's Milchschwester —

Venier.

Beccari, seit Jahren der Schützling des Hauses der Pisani, Beccari hätte sich hinreißen lassen —

Antonio.

Beide ließen sich hinreißen, ihre Wohlthäter anzuklagen; aber jetzt nehmen sie ihre Anklagen zurück; noch mehr, Pisani und Beccari haben Bittschriften aufgesetzt —

Morosini.

Wo sind sie? Wo habt ihr diese Bittschriften?

Antonio.

Das ist es eben; sie wollen jedem Vermittler mißtrauend ihre Gesuche selbst dem Tribunal überreichen, und Messer grande ist kaum im Stande den Sinnlosen zu wehren, die immer näher dringen —

Vierte Scene.

Vorige; Meßer grande; Stella; Marta; Pisani; Pasquale.

Meßer grande
(außer der Bühne).

Zurück, Verwegene!

Stella, Marta, Pisani, Pasquale
(außer der Bühne verworren durcheinander).

Wir müssen vor's Tribunal! Gerechtigkeit! Wir widerrufen!

Antonio.

Sie sind nicht mehr zu halten!

Morosini
(zu Venier und Dolfin).

Die Larven vor! Sie dürfen unsre Züge nicht erblicken!

(Während die Inquisitoren rasch die vor ihnen auf dem Tische liegenden Larven vornehmen, springen die Flügel der Seitenthüre links gegen die Bühne zu auf, und es erscheint Meßer grande rücklings von Stella, Marta, Camill und Pasquale hereingedrängt, welche ihrerseits theils von dem abwehrenden Meßer grande, theils von den gekreuzten Hellebarden zweier Sbirren an der Schwelle festgehalten werden. Camill und Pasquale halten Bittschriften in den Händen, die sie den Inquisitoren hinzureichen sich bemühen.)

Meßer grande.

Zurück, ihr sollt nicht —

(Pasquale, Stella, Marta und Camill zugleich.)

Pasquale.

Wir widerrufen —

Stella.

Ihr müßt uns hören —

Marta.

Erbarmen, Gnade. —

Camill.

Gerechtigkeit und Menschlichkeit —

(Pasquale und Camill zugleich.)

Pasquale.

Lest diese Bittschrift —

Camill.

Lest und richtet!

Morosini.

Antonio, nehmt ihre Bittgesuche!

(Es geschieht.)

Und nun entfernt sie. Meßer grande! Weicht
Zurück, bei unsrem Zorne weicht zurück!

Meßer grande.

Zurück, zurück!

(Er drängt die vier Verhafteten zurück; die Flügel der Seitenthüre
fallen hinter ihm und den Abgehenden zu.)

Fünfte Scene.

Morosini; Benier; Dolfin; Antonio.

Morosini.

Was war das? Welche Wuth,

Welch' seltsam wilder Drang erfaßt sie Alle?

Antonio, reicht uns die Gesuche her!

(Antonio reicht eines der beiden Gesuche DOLFIN, das andere
Morosini.)

Morosini

(dem Benier über die Schultern in das Blatt blickt; lesend).

Ist's möglich, ist Pisani toll geworden?

(Liest.)

„Vergebens tritt eure Macht zwischen mich und Stella
Vendramin, ihr könnt uns tödten, aber nicht unseren
Herzen verbieten, für einander zu schlagen!"

Dolfin.

Und hier, Beccari! Hört nur, bitt' ich, hört!

(Liest.)

„Der Befehl uns zu lieben, mußte mich wie meine
Gattin an der Echtheit unserer Liebe zweifeln machen,
und dieser Zweifel war es, der uns zu jenen ganz grund-
losen Anklagen verleitete" —

Antonio.

(für sich).

Gott steh' mir bei! Jetzt bricht das Wetter los!

Venier.

Sehr seltsam in der That!

Morosini.

Sagt unbegreiflich!

Der Eine, dem befohlen ward zu lieben,

Beklagt sich trotzig über ein Verbot,

Und dieser hier, der ein Verbot empfing,

Beccari faselt sinnlos von Befehlen!

Venier.

So viel ist klar, ein Mißverständniß liegt

Zu Grunde hier, doch wer dran Schuld trägt —

Antonio

(auf beide Kniee niederfallend).

Erbarmen, Gnade! Mein Jugendfest, mein unglück-

seliges Jugendfest trägt an Allem Schuld!

Venier.

Wie, Ser Antonio?

Dolfin.

Jugendfest?

Morofini.

Steht auf!
Was meint ihr, sprecht, mit eurem Jugendfest?

Antonio
(aufstehend).

Hochgnädige Herren, ich feiere jährlich still und einsam ein Fest zum Andenken an meine Jugend, die mir
in Arbeit und Mühe ungenossen hinschwand; heuer nun
im Taumel jenes Festes, plötzlich zu einer Sitzung ab-
gerufen, begab es sich —

Morofini.

Und was begab sich? Tod und Teufel, redet!

Antonio.

Erst heute, als der hochedle Herr hier (Auf Venier
zeigend) bei der Ausfertigung der Verhaftsbefehle für jene
beiden Paare wiederholt der Beschlüsse erwähnte, die das
Tribunal früher hinsichtlich ihrer gefaßt habe, erst heute
erfuhr ich selbst, was sich begeben und wie ich wahrscheinlich in der Verwirrung, in der Eile, im Schwindel —

Morofini.

Ihr habt doch nicht, Unsel'ger, unsern Auftrag
Wie einen Handschuh etwa umgekehrt,
Doch nicht Pisani das Verbot ertheilt
Und den Befehl Beccari? — Habt ihr — redet —

Antonio.

Hochgnädigste Herren, es wird wohl so gewesen seyn!

Venier.

Ey närrische Geschichte!

Dolfin.

Ist's denn wahr,

Ist's möglich nur?

Morosini.

Was wär' nicht möglich denn,

Wenn Unverstand mit Trunkenheit im Bunde;

Denn läugnet es nur nicht, ihr wart betrunken!

Antonio.

Betrunken! Hochgnädigster Herr, eingenommen, betäubt, schwindlich! — Aber betrunken, pfui, ein hartes
Wort für einen alten Diener!

Morosini.

Was alter Diener! Wenn vor Thorheit nicht

Das Alter schützt, was frommt uns euer Alter?

Ich wollt', ihr spieltet noch mit Steckenpferden,

Und hättet nüchtern euren Dienst gethan!

Antonio.

Gleichwohl, hochgnädigster Herr, da trotz meines
Verstoßes die fraglichen Angelegenheiten einen erwünsch-
ten Erfolg zu nehmen scheinen —

Morosini.

Erfolg! Was wißt ihr vom Erfolg und ob
Er uns erwünscht, ob nicht? Erfolg! Erfolg!
Ihr hättet keine Jugendfeste feiern,
Nicht euren Witz im Krug ersäufen sollen,
So wäre nicht erfolgt, was jetzt erfolgte!
Und sprecht mir künftig vom Erfolg nicht mehr,
Als wär't ihr unsers Gleichen, nicht ein Schreiber!

Antonio
(gereizt; unter vielen Bücklingen).

Ein Schreiber! So, ein Schreiber, so, so! Erlaube
mir gleichwohl in tiefster Ehrfurcht unvorgreiflich zu bemerken, daß ein Jugendfest nur ein Tag, ein Tag eigentlich
keiner, und einmal im Jahre so zu sagen gar nichts ist.
Und da ich nun doch einmal in Ungnade gefallen bin,
erlaube mir respektsvoll hinzuzufügen, daß zwar die Alten
von Centauren halb Roß halb Mann gefabelt, daß jedoch
in unsern christlichen Zeiten Geschöpfe, die halb Acten-
bündel halb Fleisch und Blut, halb Mensch, halb Stuhl
wären, wohl nicht statuirt, daß selbst Schreiber als Luft,
Licht und Freude bedürftige Wesen, so zu sagen als
Menschen angesehen werden dürften —

Morosini.
Wie, ihr erfrecht euch, Mensch, ihr wagt —

11*

Antonio

(mit steigendem Unmuth unter vielen Bücklingen).

Der Schreiber, da es denn doch um seinen Dienst
gethan ist, der Schreiber wagt noch ferners unterthänigst
gehorsamst zu bemerken, daß Tadeln wohl als ein Kin-
derspiel, sich tadellos Verhalten dagegen als ein höchst
schwieriges Kunststück angesehen werden müsse, und daß
demnach gewisse Herren, wenn sie an der Stelle gewisser
Schreiber ständen, früher oder später gewisser Vergehen
wegen eben so gewiß von geheimen Secretären zu ordinären
Schreibern degradirt worden wären, als andere ehrliche
Leute —

Dolfin.

Verwegner, schweigt!

Venier.

Antonio, seht euch vor —

Antonio

(wie oben).

Und da ich nun denn doch die Seufzerbrücke werde
passiren müssen, unterstehe mich noch in Ehrfurcht ersterbend leise anzudeuten, daß, wenn der Schreiber so oft
die Versehen großer Herren auf sich genommen, die großen
Herren auch einmal das Versehen des Schreibers und
zwar um so mehr auf sich nehmen dürften, als die Ver-

wechslung eines Verbotes mit einem Befehl auch dem nüchternsten Verstande ganz leicht begegnen kann, wenn beide, Verbot und Befehl nämlich, mit Respekt zu sagen, gleich widersinnig sind —

Morosini.

Verstummt! Bei unserm Zorn, kein Wort mehr! Geht Und harret eures Urtheils!

(Auf die Mittelthüre zeigend.)

Fort! Hinweg!

Antonio
(aufathmend; für sich).

Es bricht mir den Hals, aber ich hab's ihnen gesagt!

(Laut mit einem tiefen Bückling.) Pflichtschuldigst unterthänigst zu Befehl!

(Durch die Mittelthüre ab.)

Sechste Scene.

Morosini; Dolfin; Venier.

Venier.

Das nenn' ich von der Leber weggesprochen;
Wer hätte das dem Alten zugetraut?
Doch wie, ihr schweigt! Ihr seyd verstimmt, Dolfin,
Und ihr nicht minder, scheint es, Morosini!

Morosini.

Ich seh' es eurem Lächeln an, Venier,
Unwichtig dünkt euch, was hier vorgegangen;
Mir füllt's mit banger Sorge das Gemüth!
Nicht so, als ob der Irrthum dieses Schreibers,
Sein freches Schmähen, und das ungestüme
Vorlaute Wesen der Verhafteten,
Als ob Ragusa's Aufstand und Corfu's
Dumpfgährende Bewegung, ja als ob
Die Türkenflotte selbst, die drohende,
Vereinzelt Furcht in mir erregen könnte;
Doch daß zugleich sie kommen, daß zugleich
Des Irrlichts Flamme aufsprüht da und dort,
Daß fern und nah des Zweifels wildes Fieber
Der Menschen ruh'gen Pulsschlag uns verwirrt,

Daß rings die Völker wie Sciroccohauch
Ein Drang nach Neurung anweht und Bewegung,
Das ist's, wovor ich bange, was mich schreckt!

Venier.

Irrlicht — Scirocco, — sagt ihr — Wie, mein Freund,
Wenn's Frühlingshauch und Morgenröthe wäre!

Dolfin.

Der Meinung Morosini's pflicht' ich bei;
Wohin wir blicken, droht Gefahr, und baut
Nicht weise Strenge vor, so wankt erschüttert
Gewalt und Ansehn dieses Tribunals.

Venier.

Allwissend, freilich, zeigt sich, ist es nicht,
Und mit der Allmacht auch steht's nicht am Besten!

Morosini.

Ihr scherzt und scherzt, uns aber scheint es Pflicht,
Wie jene Mauern sorgsam wir erhalten,
Die fluthbezwingend an Chioggia's Küste
Die Väter kühn in's Meer hinaus gebaut,
Venedigs geistige Murazzi auch,
Dies Tribunal, in alter Kraft zu wahren,
Und weil das Schwert in unsre Hand gelegt,
So brauchen wir's zu richten und zu strafen!

Venier.

Zu strafen, sagt ihr! Wie den alten Mann,
Der einmal nur in Jahren sich verging,
Den hart genug dafür ihr angelassen,
Ihr wollt ihn strafen und womit denn strafen?

Morosini.

Für mindere Vergehen als das seine
Schlang Manchen die Lagune schon hinab.

Venier.

Wie, rast ihr? Wollt ihr morden statt zu richten?
Verdient ein rasches Zorneswort den Tod,
Wie, oder brachte euch Antonio's Irrthum
So schweren Nachtheil denn ihn zu verdammen?
Ihr wolltet, daß Pisani Stella freie,
Um als Gesandten ihn nach Wien zu senden;
Sie liebt ihn, führt denn euren Vorsatz aus!
Wenn ihr ein Uebermaß von Zärtlichkeit
An Marta und Pasqual Beccari sonst
Getadelt, hat sich's jetzt in Argwohn nicht
Und Eifersucht verkehrt? Ward nicht erfüllt,
Was ihr verboten, was ihr anbefohlen?

Dolfin.

Ihr irrt, Venier! Es wurde nicht erfüllt;
Denn was Antonio ihnen auftrug, war's

Das Gegentheil von dem gleich, was wir wünschten,
Sie mußten es für unsern Willen nehmen,
Und heilig halten, doch sie thaten's nicht!

Morosini.

So ist's! — Der liebte dem Verbot zuwider
Und jener trotzte hadernd dem Befehl;
Verbrecher sind sie wie Antonio!

Venier.

Verbrecher, weil sie trotz Antonio's Thorheit
Errathen gleichsam, was ihr wahrhaft wollt!

Morosini.

Wo wir befohlen, gibt es kein Errathen,
Gibt's blinden, schweigenden Gehorsam nur,
Und wer ihn weigert, mag die Folgen tragen.

Venier.

O Thoren, die ihr seid, für die umsonst
Erfahrung warnt und mahnt, für die umsonst
Geschichte ihre ew'gen Bücher schreibt,
Für die kein Licht ist, bis die Flamme lodernd
Die Wimpern euch versengt! Ihr wollt sie strafen?
Ihr solltet sie belohnen, sag' ich euch;
Denn nie vielleicht, nie ward ein größ'rer Dienst
Als eben heut durch jene euch geleistet!

Morosini

(spöttisch.)

Und was denn wär' es, redet, das so sehr
Zum Danke jenen, meint ihr, uns verpflichtet?

Venier

(zwischen beide tretend und ihre Hände fassend, anfangs leise, dann
mit immer heftiger ausbrechender Empfindung).

Die eine Lehre, die sie euch gegeben,
Die eine große Lehre, merkt sie wohl,
Zu viel Regieren sey vom Uebel eben;
Er leb' auch in des ärmsten Bettlers Brust
Ein hohes, unberührbar Heiliges,
Wohin Befehl nicht, noch Verbote reichen;
Den Zug der Herzen, Zweifel und Vertrauen
Und Haß und Liebe könn' kein Tribunal,
Selbst nicht das eure, hemmen oder wenden;
Gewalt erreiche und vermöge Nichts,
Als Lüge, Trug, Angeberei, Verläumdung,
Versumpfende Gemeinheit groß zu ziehen:
Gehorsam finde nur wer Gründe gibt,
Und nicht der Zwang, die Ueberzeugung herrsche;
Die Lehren sind's, die jenen ihr verdankt,
Und wehe, wenn sie euch an's Herz nicht gehen;
Denn schwinden muß Venedigs Ruhm, wie Rauch

Verwehen machtlos in der Lüfte Hauch,
Wenn diese Lehren machtlos euch verwehen!

(Pause.)

Ihr schweigt! Gebt Antwort! Faßt ihr meine Worte,
So zeigt's durch Thaten; ruft die Harrenden
Vor euren Richterstuhl, eröffnet ihnen,
Wie Irrthum täuschend sie und uns befangen,
Und was sie auch verbrochen, seht es nach!

Dolfin.

Ihr schwärmt, Venier!

Morosini.

Das Tribunal irrt niemals,
Und nicht Vergeben, Strafen ist sein Amt.

Venier.

Ihr wollt nicht? — Euch genügen nicht die Qualen,
Die Angst und Zweifel über sie verhängen,
Noch herber sollen euren Grimm sie fühlen,
Ihr kennt nichts Höh'res als Gewalt und Macht?
Wohlan, denn, wißt, auch ich bin eine Macht,
Und wollt ihr nicht von euren Opfern lassen,
So will auch ich nicht eure Flotte führen;
Und sänk' Benedig hin in Schutt und Trümmer,
Ich will nicht, sag' ich; zwingt mich, wenn ihr könnt!

Dolfin.

Ist's möglich? Wie, Venier —

Morofini.

Vertrauend blickt
Das schwer bedrängte Vaterland nach euch,
Und ihr — ihr könntet Herz und Ohr verschließen
Dem Hülfeflehenden, in dieser großen
Ereignißreichen Zeit am Kleinen haften,
Und auf dem Wege zur Unsterblichkeit
Um eines Sandkorns Willen stehen bleiben?

Venier.

Ein Sandkorn, sagt ihr, nun so räumt es weg!
Faßt groß und frei, wie ihr von mir es fordert,
Den Drang der Zeit, und ihre Fordrung auf,
Laßt mehr die Sache als die Form euch gelten,
Und meint nicht fest und standhaft euch zu zeigen,
Indem ihr euch nur eigensinnig zeigt!
Genug der Opfer wird Ragusa, wird
Corfu der Strenge des Gesetzes liefern,
Vermehrt nicht ihre Zahl! Gebt Jene frei,
So halt' ich Wort und führe eure Flotte!

Morofini.

Es geht nicht an, bedenkt —

Dolfin.

Das Tribunal

Kann weder seinen Irrthum eingestehen,

Noch seines Dieners Schuld, den Ungehorsam

Der andern Allen gänzlich übersehen!

Venier.

Doch milde strafen kann's, wie Mütter thun,

Mit leichter Hand und unterdrücktem Lächeln,

Nur daß gestraft sey, nicht um weh' zu thun!

Dolfin.

Nicht weh' zu thun?

Morosini.

Ihr meint doch nicht, wir sollten —

Venier.

Komödie spielen? Ja, das wollen wir!

Verbot ist und Befehl des Stückes Titel,

Den Knoten schürzt Antonio's Jugendfest.

(Sich an dem Tisch zum Schreiben hinsetzend.)

Und seht, hier schreib' ich die Entwicklung nieder,

Mög' Alle nur sie uns zufrieden stellen!

Morosini

(während Venier schreibt, Dolfin bei der Hand fassend, und
einige Schritte bei Seite ziehend; leise).

Gefährlich dünkt mich, offen euch zu sagen,

Venier's verkehrtes, schwärmerisches Wesen,

Und spart uns nicht ein Türkenschwert die Mühe,

Und kehrt er heim, und wär's als Sieger auch,

So wär' es, denk' ich, Zeit —

Dolfin
(ebenfalls leise)

In Ruhestand

Den Schwärmer zu versetzen? — Zählt auf mich!

Venier
(aufstehend und Dolfin ein beschriebenes Blatt hinreichend).

Hier les't, ihr Herren, und dünkt es euch genehm,

So unterschreibt, und laßt uns Frieden haben!

Dolfin
(liest und reicht das Blatt Morofini).

Fürwahr, es läßt sich hören, Morofini!

Morofini
(nachdem er gelesen).

Es sey Venier, um euretwillen sey's!

Venier.

Wohlan, so säumt nicht, unterschreibt! Ich rufe

Antonio herbei, daß, eh' ich scheide,

Mein Werk vollendet und kein Rücktritt sey!

(Er klingelt, während Dolfin und Morofini zum Tisch treten
und unterschreiben.)

Antonio
(gebengter Haltung und gesenkten Hauptes aus der Mittelthüre eintretend; weinerlich).

Hochgnädige, hochweise Herren —

Dolfin

(Venier das unterschriebene Blatt hinreichend).

Es ist geschehen!

Venier

(zeigt Antonio das Blatt und legt es dann vor sich auf den Tisch hin).

Ser Antonio,

Seht hier das Urtheil, das wir über euch

Und die Verhafteten, die draußen harren,

Zu Recht gesprochen! Gebt es Jenen kund

Und thut, was euch betrifft, nach unsrem Willen!

(Zu Dolfin und Morosini)

Und nun hinweg, ihr Herren! Morgen trägt

Die Meersluth den Osmanen mich entgegen,

Und da ich heut dies Tribunal besiegt,

Den schlimmsten Feind, dem je ein Staat erlegen,

Vielleicht daß auch der mind're mir erliegt;

Und so lebt wohl —

Dolfin.

Lebt wohl!

Morosini.

Auf Wiedersehen!

Siebente Scene.

Antonio

(während die drei Inquisitoren durch die Mittelthüre links abgehen, unter vielen Bücklingen).

Pflichtschuldigst unterthänigsten Respekt! — Da gehen sie hin und ich werde sie nie mehr wiedersehen, nie mehr! — Sie haben mich zwar ganz gewiß zum Tode verurtheilt, aber es treibt mir doch das Wasser in die Augen, daß ich sie nie mehr sehen werde, die hochgnädigen Herren! — Aber mir geschieht ganz recht! Wie konnte ich so verruchte Redensarten gegen meine hochgnädigen Herren in den Mund nehmen, wie konnte ich so gottlose Dinge auch nur denken — Ob sie mich erdrosseln, ersäufen oder gar rädern lassen? Mir schaudert's meine Haare sträuben sich! — Warum noch länger zaudern? — Gewißheit ist besser als der Zweifel! (Er tritt zum Tisch und nimmt das Blatt.) Was ist das? — Welche seltsame Wendung! — O weises Tribunal! (Das Blatt durchlaufend.) „Camill Pisani — Pasqual Beccari" — Gnädig, überaus gnädig! Da werde denn ich wohl um so schlimmer wegkommen — Aber wie, was seh' ich — (liest.)

„Ihr, Antonio Tentori, habt noch heute einen drei-
„monatlichen Urlaub anzutreten. Benützt ihn, um fern
„von Venedig und den Geschäften des Tribunals eure
„jährlichen Jugendfeste für den Rest eures Lebens im
„Voraus zu feiern, damit ihr nicht ein zweites Mal un-
„sere Befehle mißverstehen und in bewußtloser Angst die
„Achtung verletzen möget, die ihr euren Vorgesetzten schul-
„dig seyd. —"

Was ist das? — Sie lassen mich leben und geben
mir Urlaub, dreimonatlichen Urlaub! — Statt meinen
Kopf zu nehmen, gewähren sie mir eine Wohlthat, nach
der ich dreißig Jahre vergebens seufzte — Da steckt etwas
dahinter! — Dreimonatlicher Urlaub, zurückkommen, meine
Stelle besetzt finden, allmälig bei Seite geschoben, pen-
sionirt werden — Das ist es! Ein Damoklesschwert haben
sie über mir aufgehangen; mich, den Menschen, wollen
sie leben lassen, aber den Secretär, die beß're Hälfte
meines Ich's um so qualvoller hinrichten! — Doch die
Befehle des Tribunals müssen vollzogen werden! —
(Er klingelt; Mezer grande tritt aus der Seitenthür links ein.)
Laßt die Verhafteten eintreten! (Während Mezer grande
mit einer Verbeugung abtritt.) — Unseliges Jugendfest, daß
ich dich in's Leben rufen, dich mit Malvasier und Dalmatiner Wachteln groß ziehen mußte, um von dir verräthe-

Halm, Verbot und Befehl.　　　　　12

risch in den Abgrund eines dreimonatlichen Urlaubs ge=
stürzt zu werden!

Letzte Scene.

Antonio, Stella, Camill, Marta und Pasquale
(treten aus der Seitenthüre links).

Antonio
(in ihre Mitte tretend, so daß Marta und Pasquale zu seiner
Rechten, Stella und Camill zu seiner Linken zu stehen kommen).

Bereitet euch insgesammt mit schuldiger Ehrfurcht
das Urtheil zu vernehmen, das das hohe Tribunal über
euch zu fällen geruhte!

Pasquale.
Ach, du grundgütiger Gott!

Camill.
Wie es auch laute, sprecht!

Antonio.
Camill Pisani, ihr habt euch dem Verbot des Tri=
bunals zuwider eurer Leidenschaft für Stella Vendramin
hingegeben —

Stella.
Im Irrthum ist das Tribunal! Ich bin
Die Schuldige, nicht er —

Antonio.

Madonna, das Tribunal irrt niemals! Camill Pisani,
ihr habt euch schwer vergangen; gleichwohl gedenkt das
Tribunal euch Gnade für Recht widerfahren zu lassen,
wenn ihr euch sogleich mit Stella Vendramin vermählen
und euch sodann um den erledigten Posten eines Gesandten am kaiserlichen Hofe bewerben wollt!

Camill.

Ist's wahr, ist's möglich? Stella mein!
Kaum faßt mein Herz das Uebermaß der Wonne —

Stella.

Und mein's — Doch still, schlaf' ein, mein Herz, schlaf' ein!

Antonio
(während Camill und Stella sich umschlingen).

Pasqual Beccari, ihr habt den Befehlen des Tribunals entgegengehandelt und eurer Frau Gelegenheit zu
gerechten Klagen gegeben —

Marta.

Ihr wißt nicht, lieber Herr —

Antonio.

Das Tribunal weiß Alles, und weil es Alles weiß,
und die mildernden Umstände erwägt, die zu Gunsten des
Schuldigen sprechen, so will es ihm für seine Vergehen

eine andere Strafe auflegen, als die, augenblicklich nach Capodistria zurückzukehren und Venedig binnen Jahresfrist nicht wieder zu betreten!

Pasquale.

Träum' ich oder wach' ich?

Marta.

In das Paradies unsrer Häuslichkeit sollen wir zurückkehren?

Pasquale.

Dem Leben, der Freiheit, meiner sanften zärtlichen Marta bin ich zurückgegeben!

Antonio
(während Marta und Pasquale sich umschlingen).

Das jauchzt vor Wonne, schwelgt in Seligkeit;
Und ich allein, ich muß — auf Urlaub gehen!
Sonst freilich — ich gesteh' es unverholen —
Sonst wünscht' ich mir's, jetzt schwand die Sehnsucht hin
Ach nach Verbotnem steht des Menschen Sinn.
Und trotzig stößt er von sich, was befohlen!

(Der Vorhang fällt rasch.)

Lightning Source UK Ltd.
Milton Keynes UK
UKHW011954021218
333216UK00013B/1871/P